Annette Pichler

Kreis und Punkt

Annette Pichler

Kreis und Punkt

Eine kritische Analyse zum Heilpädagogischen Kurs Rudolf Steiners

Mit einem Vorwort von Benjamin Andrae
und Manfred Trautwein

Annette Pichler
Kreis und Punkt
Eine kritische Analyse zum Heilpädagogischen Kurs
Rudolf Steiners
(Reihe Kontext Band 20)

ISBN 978-3-95779-209-9

Erste Auflage 2024

Lektorat: Jens Heisterkamp, Frankfurt am Main
Umschlag: Frank Schubert, Frankfurt am Main
Unter Verwendung einer Wandtafelzeichnung von Rudolf Steiner
Satz: Ulrich Schmid, de·te·pe, Aalen
Druck: Jelgavas Tipogrāfia, Jelgava, Lettland

Bildnachweis der Wandtafelzeichnungen:
Rudolf Steiner Archiv, Dornach, Schweiz

Inhalt

Vorwort

Einhundert Jahre ist es her, dass Rudolf Steiner mit den zwölf Vorträgen des *Heilpädagogischen Kurses* eine Grundlage für die Heilpädagogik als Praxisfeld der Anthroposophie gelegt hat. Neben der Würdigung dieses Impulses gehört zu einer zeitgemäßen Einordnung jedoch auch eine dauerhaft etablierte, kritische Auseinandersetzung mit dem Werk Steiners und daraus abgeleiteten Diskursen und erneuerten Methoden. Das umfasst eine historisch-forschende Perspektive auf die Rahmenbedingungen des Gründungsimpulses und seine nicht widerspruchsfreie und streckenweise problembehaftete Rezeption in den Jahrzehnten danach. Nicht widerspruchsfrei war diese Rezeption, weil einerseits der menschliche, zugewandte Blick und der unbedingt entwicklungsorientierte Ansatz Steiners aus gutem Grund früh als wegweisend für die Entfaltung von Unterstützungsangeboten für Menschen mit Assistenzbedarf erkannt wurde, andererseits jedoch die Durchdringung der zwölf Vorträge mit schwer verständlichen und auch teilweise befremdlich-rätselhaft anmutenden Setzungen und Behandlungsempfehlungen vielfach zu einer selektiven Lesart führte oder zu einer Ablehnung des Heilpädagogischen Kurses zugunsten einer Fokussierung auf andere menschenkundliche Werke Steiners. Problembehaftet war die Rezeption dabei sowohl aufgrund einer jahrzehntelangen unkritischen Tradierung von offenkundig wissenschaftlich und im gesellschaftlichen Diskurs überholten Aussagen, aus einer von dogmatischem Respekt vor Werk und Person Rudolf Steiners geprägten Grundhaltung heraus, als auch aufgrund der Übertragung eines ganz offenkundig auf Kinder gerichteten heilpädagogischen Blickes auch auf erwachsene Menschen mit Assistenzbedarfen. Insbesondere der letzte Umstand hat unzweifelhaft vielerorts mit zur Etablierung einer dezidiert paternalistischen Haltung gegenüber erwachsenen Menschen geführt, die die Hinwendung zu den zeitgemäßen Dimensionen von Selbstbestimmung, Gleichstellung und Empowerment erschwert und verzögert hat.

Zu einer kritisch-reflexiven Auseinandersetzung gehört unbedingt die Prüfung der Relevanz für die fachliche Arbeit nach aktuellen Standards in den mehr als sechshundert Einrichtungen und Diensten, die sich eine anthroposophische Fundierung ihrer Tätigkeit auf die Fahnen geschrieben haben.

Annette Pichler beleuchtet das Gründungs-Momentum der anthroposophischen Heil- und Inklusionspädagogik anhand des Schicksals von Wilfried Immanuel Kunert, dessen Krankengeschichte und dessen familiäres Umfeld im *Heilpädagogischen Kurs* eine zentrale Stellung einnehmen. Sie verknüpft dies mit einer Analyse der Punkt-und-Kreis-Meditation, die mit Recht als Grundlage einer meditativen Praxis zur Selbstentwicklung für Tätige in diesem Arbeitsfeld gelten kann.

Steiners Perspektive auf Wilfried Immanuel Kunert und seine Eltern ist auch davon geprägt, dass 1923 ein fachlich-reflektierender Blick auf die asymmetrischen Machtverhältnisse in helfenden und heilenden Berufsfeldern allenfalls in Ansätzen entwickelt war. Eine paternalistische Haltung in Diagnostik und Behandlung und in der Beziehung zwischen Patient:innen und Ärzt:innen oder Pflegenden ist damals der Regelfall gewesen und findet sich auch in der Krankengeschichte von Wilfried Immanuel Kunert. Gewiss ist Steiner und den beteiligten Ärzt:innen in dieser Hinsicht kein Vorwurf zu machen. Die Ambivalenz eines hohen Einfühlungs-, Reflexions- und Ausdrucksvermögens, gepaart mit Herausforderungen und Gefahren eines die Intellektualität überschreitenden Erkenntnisweges, der, wenn auch ungewollt, Gefolgschaft und unkritisches Übernehmen von Aussagen zur Folge hatte, verstärkten jedoch diesen Effekt. Auch der zuweilen anzutreffende Reflex, Steiner überall dort relativierend als „Kind seiner Zeit" einzuordnen, wo in seinem Werk aus heutiger Sicht problematische oder unhaltbare Aussagen, Haltungen und Begriffe zu finden sind, greift dann zu kurz, wenn es gleichzeitig noch immer eine stellenweise verbreitete unkritische oder gar idealisierte und von dogmatischen Glaubenssätzen geprägte Rezeption des breiten Werkes gibt, die es dann eben auch ermöglicht, heute überholte Methoden unkritisch als „wahr" oder „richtig" in die Gegenwart zu holen oder zu tradieren. Finden diese in der konkreten sozialen oder therapeutischen Arbeit dann möglicherweise Anwendung, wird die Notwendigkeit des hier vorliegenden Diskursbeitrages umso deutlicher.

Im vorliegenden Text wird ein Weg aufgezeigt von der kritischen Reflexion der Vergangenheit hin zu einer zeitgemäßen fachlichen Neubewertung und Transformation des Zugangs zur Punkt-und-Kreis-Meditation als individuellem, achtsamem und reflektiertem Haltungsansatz für Tätige in sozialen Handlungsfeldern. Aktuelle Ansätze und Ergebnisse der Kognitions- und Neurowissenschaften machen deutlich, wie zentral zwei Ebenen des Selbsterlebens bzw. Selbstverständnisses für das menschliche Sein und seine Entwicklung sind: Einerseits eine nach innen gerichtete, integrierende, reflektierende Ebene (entsprechend dem zentralen Pol), andererseits das verkörperte, mit der Welt verbundene, handelnde Selbst (entsprechend dem peripheren Pol). Werden erprobte Praktiken der Meditation und Kontemplation zum Gegenstand dieser Forschung, zeigt sich, welch bedeutsame Rolle die Fähigkeit der Aufmerksamkeitslenkung für eine zwischen den Polen ausgleichende Gefühlsregulation und Selbstwahrnehmung und damit für eine als erfüllend und gesund erlebte Entwicklung ist.

Die innere Geste einer Neubewertung und Transformation lässt sich auch auf die Visionen einer zeitgemäßen breiten gesellschaftlichen Weiterentwicklung von Gemeinschaft übertragen, einem zentralen Ideal des anthroposophischen Sozialwesens. Das kann gewissermaßen der spirituell impulsierte, ideelle Rahmen sein für die im Zusammenhang mit der UN-Behindertenrechtskonvention geforderte Deinstitutionalisierung.

Dabei zeigt sich, dass die gewählte Schrittfolge orientierend für einen breiteren Prozess werden kann. Die Auseinandersetzung mit dunklen Flecken, mit vielleicht auch unbewusst in der Vergangenheit des anthroposophischen Sozialwesens tabuisierten Fragen und der Mut, den Finger in die Wunde zu legen, Tabus und Traumata aufzudecken und ihnen dadurch die Wirkmächtigkeit zu entziehen, werden zu einer Eingangsvoraussetzung für eine ehrliche Standortbestimmung. Gleichzeitig wird im nächsten Schritt durch eine eingehende Analyse der seelischen und mentalen Voraussetzungen für eine gelingende meditative Praxis des Einzelnen, hier der Punkt-und-Kreis-Meditation, der Transformationsprozess deutlich, der für eine zeitgemäße anthroposophisch inspirierte Heil- und Inklusionspädagogik über den Einzelnen hinaus im Feld notwendig ist. Gerade die unbedingte Anerkennung der individuellen Selbstbestimmung des Gegenübers und der offene Raum für Empowerment in der sozialtherapeutischen Begegnung verlangen intuitive Wachheit für die eigene Vulnerabilität, Betroffenheit und Subjektivität, anstelle von Habituation im Umgang mit anthroposophischen Quellen, unbedarftem Paternalismus und unreflektierter Projektion.

Hier gilt für die innere Haltung von Tätigkeiten in diesen Berufsfeldern gleichermaßen, was Leander Palleit, Leiter der Monitoring-Stelle UN-Behindertenrechtskonvention beim Deutschen Institut für Menschenrechte bei der Jahrestagung 2024 von Anthropoi Bundesverband sinngemäß zu den äußeren Verwirklichungsvoraussetzungen einer inklusiven Gesellschaft formuliert hat: Sie gelingt nicht ohne eine Transformation bestehender (Denk-)Systeme und auch nicht ohne ein aktives gestalterisches Ergreifen.

Die Punkt-und-Kreis-Meditation kann unter den in diesem Buch beschriebenen Voraussetzungen ein methodisches Werkzeug darstellen, das es dem Einzelnen ermöglicht, die nötige Haltung für die Transformation des Berufsfeldes zu erlernen. Und: „Ein weiterer Bildungswert besteht in dem konsequenten Ablegen esoterischer Vermessenheiten und Inanspruchnahmen."[1]

Mehr Diskursbeiträge wie der des vorliegenden Bandes sind indes nicht nur für die fachliche Entwicklung des anthroposophischen Sozialwesens wichtig, sondern für alle von der Anthroposophie inspirierten Praxisfelder.

Benjamin Andrae und Manfred Trautwein

Benjamin Andrae war als Pädagoge, Dozent, Einrichtungsleiter, Geschäftsführer und systemischer Organisationsberater viele Jahre im anthroposophischen Sozialwesen tätig. Von 2020 bis 2024 war er Mitglied des Vorstands von Anthropoi Bundesverband.

Manfred Trautwein war ebenfalls langjährig als Pädagoge, Lehrer, Kunsttherapeut, Einrichtungsleiter, Berater und Geschäftsführer im anthroposophischen Sozialwesen beschäftigt. Seit 2002 ist er Geschäftsführer von Anthropoi Bundesverband.

Anthropoi Bundesverband ist die Kurzbezeichnung für:
Bundesverband anthroposophisches Sozialwesen e.V.
https://anthropoi.de/bundesverband/

---

1 Schieren, Jost: Die Wissenschaftlichkeit der Anthroposophie, 2011

1. Einführung

1.1 Schärfer trennen und inniger verbinden

„Reifer werden heißt, schärfer trennen und inniger verbinden." Dieses Zitat von Hugo von Hofmannsthal verweist auf einen Entwicklungsprozess, der in den letzten Jahren auch in der anthroposophischen Bewegung deutlicher sichtbar wird. Publikationen wie *Die Wissenschaftlichkeit der Anthroposophie* (Schieren, 2011), *In okkulter Gefangenschaft?* (Kiersch, 2015), *Zumutung Anthroposophie* (Müller, 2021), *Nachgefragt: Anthroposophie* (Müller, 2021) oder auch die Veröffentlichung des kritischen Aufsatzes *Schattenseiten. Anthroposophen in der Corona-Krise* des Philosophen Roland Kipke in der Zeitschrift *Sozialimpulse* (Kipke, 2021) zeugen von einem zunehmenden Anliegen der Anthroposophie, einen kritischen Blick auf sich selbst zu werfen – schärfer trennen – und dabei zugleich eine mehr realistische und echte Selbstwahrnehmung zu entwickeln: inniger verbinden. Gleichzeitig weitet sich in diesem Prozess der Blick auf sich selbst, und Anthroposophie wird damit auch für Außenstehende greifbarer, verständlicher und zugänglicher.

Einen ähnlichen Weg versuche ich mit dem vorliegenden Text einzuschlagen. Während die oben genannten Autoren sich mit der Anthroposophie im Allgemeinen und sich daraus heute ergebenden Fragestellungen auseinandersetzen, geht es im Folgenden um eines der auch durch die Anthroposophie in den letzten Jahrzehnten maßgeblich mit entwickelten Lebens- und Berufsfelder, nämlich die professionelle Arbeit mit Menschen jedweden Lebensalters, die eine Behinderung oder sonstige erschwerende biographische Bedingungen – wie z. B. eine Traumatisierung mit anschließender seelischer Behinderung – erleben.

Um dieses Feld zu verstehen, sind zunächst einige Begriffsklärungen notwendig: Ich werde im Text weitestgehend den Begriff „Heil- und Inklusionspädagogik“ verwenden, bei fachlichen oder historischen Referenzen, z.B. auf den *Heilpädagogischen Kurs* Rudolf Steiners, auch den Begriff „(heil)pädagogisch“. Damit möchte ich verdeutlichen, dass Menschen in bestimmten Lebenssituationen durchaus von heilpädagogischer Haltung, heilpädagogischen Kontexten und heilpädagogischen Förderansätzen profitieren können, dass diese aber nicht in eine dauerhafte „Sonderwelt“ führen dürfen, sondern letztlich nur in einer auf Inklusion verpflichteten Gesellschaft Sinn machen. Dass dies ein Kapitel für sich ist, dem dieser Text nicht gerecht werden kann, ist mir sehr bewusst. Ebenso ist mir bewusst, dass der Begriff „Pädagogik“ für die Arbeit mit erwachsenen Menschen problematisch ist. Da das staatlich anerkannte Berufsbild von Heilpädagog:innen in Deutschland jedoch nicht auf die Arbeit mit Kindern beschränkt ist, habe ich mich für diese Unschärfe entschieden und meine in diesem Text mit Heil- und Inklusionspädagogik immer auch die Arbeit mit betroffenen Erwachsenen, also die Tätigkeit im Sozialwesen.[2]

Mit diesem Versuch einer Begriffsklärung bin ich zugleich schon mitten im Thema. Denn zwar lässt sich innerhalb bestimmter Kategorien, z.B. medizinisch, psychologisch oder rechtlich, definieren, ob ein Mensch von einer Behinderung oder auch einer psychischen Erkrankung betroffen oder bedroht ist; die tatsächlichen Zusammenhänge sind aber häufig weit komplexer und können durch eine Kategorisierung nicht zufriedenstellend beschrieben werden. Durch die 2008 in Kraft getretene *UN-Konvention für*

2 Hier verwende ich ganz bewusst nicht den in anthroposophischen Kreisen für die Arbeit mit erwachsenen Menschen mit einer Behinderung üblichen Begriff der „Sozialtherapie“. Hintergrund ist zum einen, dass dieser Begriff eigentlich schon lange anderweitig belegt ist (vgl. www.dfs-sozialtherapie.de) und zum anderen, dass ich die Idee, dass „Soziales“ oder „Gemeinschaft“ per se therapeutisch wären, kritisch sehe (vgl. Kapitel 8).

die Rechte von Menschen mit Behinderung (Bundesministerium für Arbeit und Soziales, 2008) sowie die beginnende Aufarbeitung von Sekundärtraumata der Nachkriegsgeneration (vgl. Bode, 2016; Reddemann, 2018) hat in der Gesellschaft das Bewusstsein zugenommen, dass Einteilungen wie „behindert" vs. „nicht behindert" oder auch „psychisch gesund" vs. „psychisch krank" zwar z. B. zum Herstellen eines Rechtsanspruchs auf Unterstützung, Therapie oder Pflege nötig sind, aber letztlich nicht zufriedenstellend sein können. Im Sinne des heutigen inklusiven Paradigmas lassen Menschen sich nicht einfach in solche mit oder ohne Behinderung, Erkrankung etc. einteilen, sondern es geht immer um eine möglichst genaue, stets fragende und kontinuierlich zu aktualisierende Wahrnehmung eines konkreten, einzigartigen Individuums.

Auf die Unmöglichkeit einer kategorialen Unterscheidung zwischen Menschen mit und Menschen ohne Behinderung hat Rudolf Steiner bereits in den ersten Minuten seines *Heilpädagogischen Kurses* hingewiesen, indem er äußerte: „Man möchte sagen, irgendwo in einer Ecke sitzt bei jedem Menschen im Seelenleben zunächst eine sogenannte Unnormalität." (Steiner, 1995, GA 317, S. 11)[3] Es ist also möglich, dass Steiner – der im *Heilpädagogischen Kurs* auch stets von „Erziehern" und nicht von Heil-, Spezial- oder Sonderpädagogen sprach – das Punkt-Kreis-Motiv, um das es in diesem Text gehen soll, als ein universales Motiv jeglicher Pädagogik sah, auch wenn er es in dieser speziellen Form (vgl. Kapitel 3.2) erst während des *Heilpädagogischen Kurs*es entwickelte. Entsprechend richtet sich der vorliegende Text keineswegs nur an Menschen, die in der Heil- und Inklusionspädagogik tätig sind, sondern grundsätzlich an alle diejenigen, die sich für die Begegnung mit dem Mensch-Sein an sich interessieren.

3 Zum damals üblichen Begriff der „Unnormalität" siehe Kapitel 2.1

1.2 Hinweis zur Entstehungsgeschichte des Textes

Im Sommer 1924, zwischen dem 25. Juni und dem 7. Juli, hielt Rudolf Steiner in Dornach zwölf Vorträge, die seitdem als *Heilpädagogischer Kurs* bekannt sind. Dem vorausgegangen waren eine Anfrage der drei Erzieher Franz Löffler, Siegfried Pickert und Albrecht Strohschein sowie ein Besuch Steiners in deren heilpädagogischer Initiative *Lauenstein* bei Jena. Basierend auf dem *Heilpädagogischen Kurs* entwickelte sich eine weltweite anthroposophisch inspirierte Tätigkeit in der heil- und inklusionspädagogischen sowie sozialen Arbeit mit Kindern, Jugendlichen und Erwachsenen mit Behinderungen (Frielingsdorf et al., 2013).

Im Zentrum des *Heilpädagogischen Kurses* steht der Punkt-Kreis-Gedanke, der zum einen im 3., 4. und 5. Vortrag der Reihe als Beschreibung eines dynamischen Wesensgliedergefüges erscheint, zum anderen – und eng damit zusammenhängend – im 10. Vortrag als Punkt-Kreis-Meditation. Zum Punkt-Kreis-Gedanken gibt es bereits etliche Publikationen. Den ursprünglichen Ausgangspunkt des vorliegenden Textes stellte eine Zusammenfassung dieser Publikationen sowie deren Einordnung in das Gesamtwerk Steiners und in aktuelle Paradigmen und Diskurse für einen Beitrag zur Punkt-Kreis-Meditation in einem Sammelband anlässlich des 100-jährigen Bestehens des *Heilpädagogischen Kurses* dar.

Im Verlauf meiner ersten Recherchen wurde mir jedoch bewusst, dass ich die Thematik der Punkt-Kreis-Meditation nicht ohne Bezug zur Situation des während der Vortragsreihe vorgestellten Kindes, Willfried Immanuel Kunert, würde bearbeiten können. Denn Steiner stellte im *Heilpädagogischen Kurs* einen Bezug zwischen der schweren Erkrankung von Willfried[4] und der

4 Im folgenden Text nenne ich Willfried Immanuel Kunert nur noch mit seinem ersten Vornamen Willfried, wie es auch seine Mutter Theodora Krück von Poturzyn in ihren Aufzeichnungen getan hat. Für sie selbst wähle ich je nach Kontext ihren damaligen Namen Theodora Kunert, wenn es um sie als Person von 1924 geht, und ihren späteren Namen Theodora Krück von Poturzyn, wenn es um sie als Autorin

Situation seiner Mutter Theodora Kunert einerseits sowie dem Punkt-Kreis-Motiv andererseits her. Dieser Bezug verleiht der Situation der Familie Kunert meines Erachtens eine Schlüsselfunktion für die Analyse der Punkt-Kreis-Meditation. Überdies ist die damalige „therapeutische" Anweisung Steiners, Willfried als sieben Monate altes Baby sofort abzustillen und möglichst große Zeiträume in einen dunklen Raum zu legen (Steiner, 1995, S. 135 f.; Krück von Poturzyn, 1968), mindestens befremdlich. Aus dieser Ausgangssituation ergab sich für mich die Notwendigkeit, die von Steiner mit Verweis auf den Punkt-Kreis-Gedanken erstellte Diagnose und Therapie für Willfried einer gründlichen Analyse zu unterziehen.

Die Auseinandersetzung mit der Thematik führte mich letztlich weiterführend zu einer kritischen Analyse von Steiners Einschätzung der Situation von Willfrieds Mutter Theodora Kunert sowie der größtenteils aus dieser Einschätzung abgeleiteten Diagnose und Therapie. Mit dem hier vorliegenden Text nehme ich daher nicht nur, wie ursprünglich geplant, eine Darstellung und Einordnung der Punkt-Kreis-Meditation vor, sondern entwickle auch eine kritische Perspektive auf die konkrete Situation von Menschen, die während des *Heilpädagogischen Kurses* vorgestellt wurden. Ziel ist es, die enge Verbindung dieser beiden Themen sowie die dabei sichtbar werdende Notwendigkeit einer kritischen Auseinandersetzung der heutigen anthroposophischen Heil- und Inklusionspädagogik mit ihren eigenen Wurzeln herauszuarbeiten.

Ehe ich nun in die Thematik einsteige, möchte ich noch darauf hinweisen, dass die Arbeit am vorliegenden Text aufgrund meiner tiefen biographischen Verbindung mit der anthroposophischen Heil- und Inklusionspädagogik für mich auch eine sehr persönliche war, die mich an Grenzen geführt und außerordentlich heraus-

---

ihrer Aufzeichnungen zum Leben ihres Sohnes in ihrem Buch *Aufbruch der Kinder 1924* (Krück von Poturzyn, 1968) geht. Die Namensänderung erklärt sich durch die Heirat von Theodora Kunert.

gefordert hat. Daher war es mir von Anfang an ein zentrales Anliegen, den eingangs beschriebenen Weg des schärferen Trennens bei gleichzeitig innigerer Verbindung so klar wie möglich zu gehen. Auch deshalb, und um den inneren Prozess zumindest im Ansatz transparent zu machen, habe ich immer wieder die Ich-Form gewählt und versuche im Text, auch meine subjektive Bedingtheit im Hinblick auf die Auseinandersetzung mit der Thematik zu reflektieren.

1.3 Hintergrund, Zielrichtung und Gliederung des Textes

Die zwischen dem 25. Juni und dem 7. Juli 1924 gehaltenen Vorträge zur Heilpädagogik enthalten einige der rätselhaftesten Äußerungen Rudolf Steiners, und folglich hat sich über die seitdem vergangenen 100 Jahre eine ganze Reihe von Autor:innen mit deren Interpretation auseinandergesetzt. Dabei ging es jeweils darum, die komplexen von Steiner beschriebenen Zusammenhänge zu explizieren, mit aktuellen Fragestellungen oder Erkenntnissen in Beziehung zu setzen oder auch in eine heutige Sprache zu bringen und damit leichter zugänglich zu machen. Allerdings scheint mir das Anliegen dieser Darstellungen primär eine Auslegung, Verdeutlichung oder zeitgemäße Aktualisierung des von Steiner Gesagten zu sein und eher nicht eine stärkere Differenzierung oder gar kritische Weiterentwicklung. Dies ist ein bemerkenswerter Unterschied im Vergleich zu anderen, und ungefähr zeitgleich zur Anthroposophie entstandenen Denkrichtungen, z. B. in der Psychologie.

Ohne hier auf deren Geschichte und Entwicklung genau eingehen zu können, lässt sich zumindest feststellen, dass kritische Stimmen innerhalb dieser Ansätze in der Regel wesentlich schneller und deutlicher laut wurden. So kritisierten und differenzierten die Schüler:innen Siegmund Freuds dessen Ansatz relativ zügig und entwickelten ihn letztlich so stark weiter, dass der heutige psychodynamische Ansatz sich zwar auf seine Wurzeln zurückverfolgen lässt, jedoch auch eine deutliche Absetzung von den ersten Grundgedanken aufweist. In den letzten Jahrzehnten gelang hier sogar eine fruchtbare Auseinandersetzung der zunächst als einer ihrer Kontrapunkte entstandenen Bindungstheorie mit der Psychoanalyse (Fonagy, 2001). Etwas länger dauerte die Differenzierung im Fall des Behaviorismus, der in seinen Wurzeln in das Jahr 1913, also ebenfalls in die Zeit Steiners, zurückgeht. Mittlerweile sind die seit den 1980er Jahren als „dritte Welle der Verhaltenstherapie" entwickelten Ansätze stark von buddhistischen Gedanken geprägt (Heidenreich & Michalak, 2013), und ihr Zusammenhang mit den ersten behavioristischen Überlegungen wird erst bei genauerem Hinsehen sichtbar.

Demgegenüber waren, wie Johannes Kiersch (2015) eingehend dargestellt hat, kritische Stimmen in der Anthroposophie im Allgemeinen eher leise, wenn überhaupt, zu hören. *Ein* Grund für diesen wesentlichen Unterschied in der Herangehensweise an die Aussagen der jeweiligen Begründer einer Denkrichtung könnte daran liegen, dass die von Steiner geschilderten Zusammenhänge einen anderen Zugang brauchen als z. B. die in der damaligen Psychologie entstandenen Schulen der Psychoanalyse oder des Behaviorismus. Dies ergibt sich schon aus der Tatsache, dass Steiner versuchte, Aussagen zu einer nichtsinnlichen Welt zu machen. Hier bewege ich mich in einem Wahrnehmungsfeld, das nur individuell erfasst werden kann, was die Beurteilung von Aussagen zu den so gewonnenen Erkenntnissen erheblich erschwert (vgl. Schieren, 2011). Die Tatsache, dass Steiner diese Welt nicht als dual ansah – also nicht als getrennt von der psycho-physischen Welt, sondern als mit dieser in wechselseitiger Beeinflussung stehend (Steiner, 2013, GA 9, 1. Kapitel) – kommt erschwerend hinzu.

Es wäre jedoch bei weitem zu einfach und auch Ausdruck einiger Arroganz, die Ursache für die eher unkritische Herangehensweise der anthroposophischen Bewegung an die Aussagen ihres Begründers alleine deren teilweiser „Unsichtbarkeit", „Komplexität" oder gar grundsätzlichen „Richtigkeit" zuzuschreiben. Letzten Endes führt eine solche Haltung in eine Sackgasse. Dabei geht es zum einen um den fehlenden kritischen Diskurs der Anthroposophie mit sich selbst, zum anderen um die teils mangelnde Bereitschaft der Anthroposophie zu einer Auseinandersetzung mit wissenschaftlichen Erkenntnissen anderer Disziplinen aufgrund der fehlerhaften Wahrnehmung, man wisse doch schon alles, denn Steiner habe aufgrund seiner „Hellsichtigkeit" ja alles umfassend beschrieben (Schieren, 2011; Kipke, 2021). In seiner Erörterung zur Wissenschaftlichkeit der Anthroposophie wies Jost Schieren bereits 2011 darauf hin, dass „von Vertretern der akademischen Wissenschaft ein engagierter Diskurs mit der Anthroposophie eröffnet worden" sei, während „von Vertretern der Anthroposophie selbst ein solcher Diskurs bisher in nur geringfügigem Maße geführt worden" sei. Schieren kritisiert eine „unkritische Übernahme von Steiners Aussagen ohne eigenständige Überprüfung, ohne eigenständige Beobachtungfähigkeit" und konstatiert meiner Erfahrung nach zurecht: „Hier zählt der Glaube mehr als die eigene Erkenntnisbemühung." (Schieren, 2011, S. 102). Auch wenn Schieren dabei feststellt, dass „in den vergangenen zehn Jahren in manchen Feldern (bspw. der Waldorfpädagogik) schon ein erheblicher Wandel zu einer sachlich-kritischen Auseinandersetzung zu verzeichnen" sei (Schieren, 2011, S. 106) – der Alltagsdiskurs innerhalb des mir bekannten Feldes der anthroposophischen Heil- und Inklusionspädagogik hat sich meiner Wahrnehmung nach bisher nur ansatzweise verändert.

Folge ich der Analyse von Kiersch, so speist sich die beschriebene unkritische und durchaus auch naive Haltung aus dem Bedürfnis einer zunächst jungen Bewegung, sich mit sich selbst wohl zu fühlen und dadurch Identität zu entwickeln. Kiersch zitiert den anthroposophischen Arzt Jürgen Schürholz: „‚Wir waren die Eigentlichen ... Das war ein herrlich warmes Wir-Gefühl. In dem Maße, in dem wir begriffen, dass Anthroposophie nicht für die eigene Wärmebildung da ist, sondern für die Welt, konnte sich das nicht erhalten. Um sich zu finden, war es sicher nötig.'" (Kiersch, 2015. S. 95 f.). Auch ich erinnere mich an dieses Gefühl aus meiner frühen Zeit in einer Camphill-Einrichtung. Nun mag eine solche Haltung jeweils auch der persönlichen Psychodynamik geschuldet sein und tritt in dieser Form sicherlich nicht bei allen Menschen auf, die sich in anthroposophischen Kontexten bewegen. Ich weiß jedoch aus Gesprächen, dass derartige Gefühle damals von Vielen innerhalb der anthroposophischen Bewegung geteilt wurden, und sich teils auch bis heute noch halten. Selbstverständlich soll mit dieser Beschreibung keinesfalls gesagt sein, dass eine derartige Wahrnehmungsvereinfachung nicht an anderen, „nicht-anthroposophischen" Orten genauso geschieht. Jedoch ist dies nicht Gegenstand des hier vorgelegten Textes. In jedem Fall hat die beschriebene Vereinfachungs-Dynamik, in welchem Zusammenhang auch immer sie auftritt, eine identitätsstiftende Wirkung. Kiersch trifft es ziemlich genau, wenn er schreibt: „Nie wären die ersten Schüler Steiners so unbefangen und energisch an die Arbeit gegangen, wie sie es unter armseligen Lebensverhältnissen erfolgreich getan haben, nie hätten sie auf allen Lebensfeldern so fruchtbare Institutionen begründet und Reformgedanken ausgebreitet, wenn sie allein aus der Perspektive kritischer Distanz, die inzwischen unentbehrlich geworden ist, hätten handeln müssen." (Kiersch, 2015. S. 96)

Der Preis für diese Art der Identitätsbildung ist jedoch hoch. Kiersch weist darauf hin, dass eine differenzierte, sich nach und nach entwickelnde Wahrnehmung der Welt in einem solchen Prozess durch eine Art religiösen Glauben ersetzt wird. Dies jedoch, so Kiersch, läuft dem zentralen Anliegen Steiners nach einer durch ein Individuum in einem möglichst freien Prozess gewonnenen Erkenntnis zuwider. Kiersch arbeitet zudem heraus, dass Steiner selbst vor ebendiesen Tendenzen, Anthroposophie einfach zu glauben statt als individuellen Erkenntnisprozess aktiv zu gestalten, deutlich warnte. Er zitiert Steiner wie folgt: „Und wenn der oder jener gesagt hat: Der Doktor hat gesagt, dass es gemacht werden soll –, dann bedeutet das, dass ein solcher den freien Willen fremden Einflüssen überliefern wollte, dass er ihn nicht durch sich, sondern durch etwas anderes bestimmen lassen wollte." (Steiner, 1986, S. 98)

Vor diesem Hintergrund scheint es mir, 100 Jahre nach der Entstehung der anthroposophischen Heil- und Inklusionspädagogik auf Grundlage des *Heilpädagogischen Kurses*, mehr als geboten, deutlich kritisch zu benennen, wo während dieser Vortragsreihe getätigte Aussagen Steiners zur Situation konkreter Menschen bei genauerem Hinsehen problematisch sind. Mit dem vorliegenden Text versuche ich dies anhand des besonders eindeutigen Beispiels der Situation der Familie Kunert. Damit stelle ich, das sei gleich deutlich gesagt, keineswegs die einzigartigen und hilfreichen Elemente des *Heilpädagogischen Kurses* in Frage. Wie eingangs dargestellt, geht es mir vielmehr darum, schärfer zu trennen, um eine innigere Verbindung zu ermöglichen. Wie zu zeigen sein wird, ergeben sich aus meiner Analyse weiterführend eine Reihe von Fragestellungen für die gegenwärtige und zukünftige anthroposophisch inspirierte Heilpädagogik. Denn die Analyse verdeutlicht nicht nur, dass die Punkt-Kreis-Meditation bestimmter Voraussetzungen bedarf, um sinnvoll wirken zu können, sondern sie verweist auch auf die Notwendigkeit einer proaktiven und kritischen Auseinandersetzung mit historischen sowie gegenwärtigen Diskursen und Alltagspraktiken der anthroposophischen Heil- und Inklusionspädagogik.

Im Einzelnen ist der Text folgendermaßen aufgebaut: Nach einführenden Gedanken in die Punkt-Kreis-Meditation in diesem ersten Kapitel fasse ich in Kapitel 2 das Punkt-Kreis-Motiv im *Heilpädagogischen Kurs* und in anderen Werken Steiners zusammen und lege in Kapitel 3 Zielsetzung und Praxis der Punkt-Kreis-Meditation dar; dabei beziehe ich mich insbesondere auf die für die Thematik zentralen Ausführungen Rüdiger Grimms (Grimm, 2005, 2017) zur Punkt-Kreis-Meditation als Instrument zur Entwicklung von Achtsamkeit und Intuition.

Kapitel 4, 5 und 6 sind der Familie Kunert und ihrer Situation in den Jahren 1923 und 1924 gewidmet. Dabei stelle ich in Kapitel 4 anhand der vorliegenden Quellen zunächst die Situation von Theodora Kunert und ihrem Sohn Willfried dar. Meine Analyse dieser Quellen führt in Kapitel 5 zu einer kritischen Perspektive auf die 1924 von Steiner erstellte Diagnose und seine Therapieverordnungen. In Kapitel 6 wende ich mich dann der Frage zu, auf welcher Grundlage Steiner zu seiner damaligen Diagnose und seinem Therapieansatz kam und welche Rolle dabei eine „übersinnliche Wahrnehmung" gespielt haben könnte.

Zusammenführend befasse ich mich in den Kapiteln 7 und 8 mit der Frage, wie wir heute mit unserem „Erbe" umgehen können. Vor dem Hintergrund von Aussagen Steiners, dass jeder Versuch einer übersinnlichen Wahrnehmung auch zu Wahrnehmungsverzerrungen führen kann (Steiner, 2017a, GA 69e, S. 140) und eine stabile seelische Basis braucht, um dieses Risiko zu minimieren, wende ich mich in Kapitel 7 wieder der Punkt-Kreis-Meditation zu. Ich argumentiere, dass die Praxis der Punkt-Kreis-Meditation bestimmte Voraussetzungen braucht, um sinnvoll wirken und ihr volles Potential entfalten zu können. Dabei stelle ich einen möglichen Ansatz sowie dessen Umsetzung innerhalb anthroposophisch inspirierter heil- und inklusionspädagogischer und sozialer Ausbildungen vor. Daran anschließend werde ich das meines Erachtens für die Praxis durchaus relevante Potential der Punkt-Kreis-Meditation im Hinblick auf Bewusstseinsbildung in herausfordernden pädagogischen und kollegialen Situationen herausarbeiten.

Das abschließende Kapitel 8 entstand – sozusagen im Nachgang –, als mir bewusst wurde, dass sich aus meiner Analyse weiterführende Fragestellungen und Forschungsthemen im Hinblick auf Diskurse und Alltagspraktiken der anthroposophischen Heil- und Inklusionspädagogik ergeben. Dass ich die in diesem Kapitel sichtbar werdenden Themen im Rahmen dieses Textes nur sehr skizzenhaft anreißen kann, mögen mir die Leser:innen nachsehen. Für eine zukünftige, und hoffentlich weiterhin anthroposophisch inspirierte, Heil- und Inklusionspädagogik liegt hier ein Forschungsfeld offen, das einer konstruktiv-selbstkritischen Auseinandersetzung der gesamten Community, d.h. sowohl der in diesem Bereich Forschenden als auch der in diesem Feld Handelnden, bedarf.

1.4 Der Kreis ist ein Punkt, der Punkt ein Kreis: Die Einführung der Punkt-Kreis-Meditation am 5. Juli 1924

Am 5. Juli 1924, dem zehnten Tag des *Heilpädagogischen Kurses,* gibt Rudolf Steiner eine Darstellung, die später als Punkt-Kreis-Meditation bekannt geworden ist. Wohl die meisten Menschen, die eine anthroposophisch inspirierte heilpädagogische Ausbildung absolviert haben, kennen die dazugehörige Tafelzeichnung Steiners mit den beiden Kreisen: einer gelb mit blauem Punkt, der andere blau mit gelbem Punkt. Die Punkt-Kreis-Meditation gilt in der anthroposophisch inspirierten Heil- und Inklusionspädagogik als zentrales Instrument zur Schulung von Wahrnehmung, Einfühlungsvermögen und Intuition. Sie ist keine statisch anzuwendende Methode zur Erreichung eines vordefinierten Ziels, sondern vielmehr eine durch ihre Praxis sich entwickelnde, stets bewegliche Wahrnehmungsschulung, die durch ein Individuum vollzogen wird. Grundlage ist das Bild von Punkt und Kreis bzw. deren bewegliche, spannende und rätselhafte Dynamik.

Obwohl das Punkt-Kreis-Motiv eine gewisse Kulmination im *Heilpädagogischen Kurs* findet, schließt es stringent an frühere Darstellungen Steiners an. So steht es in tiefer Verbindung mit bereits früher von Steiner entwickelten Bildern zum Menschsein, z.B. in der *Allgemeinen Menschenkunde* (vgl. Kapitel 2.2). Innerhalb des *Heilpädagogischen Kurses* steht die Meditation in direktem Zusammenhang mit dem im 5. Vortrag entwickelten Menschenverständnis. Dieses stellt menschliches Sein in vier Dimensionen dar: Materie (physischer Leib), Lebens- und Bildeprozesse („Ätherleib"),

Wahrnehmung und Kommunikation mit der Umwelt („Astralleib“) sowie geistige Aktivität (Ich). Dabei sieht Steiner das Ich als einerseits im Kopf innenliegend zentriert sich selbst zugewandt und andererseits in den Gliedmaßen außenliegend der Umwelt verbunden.

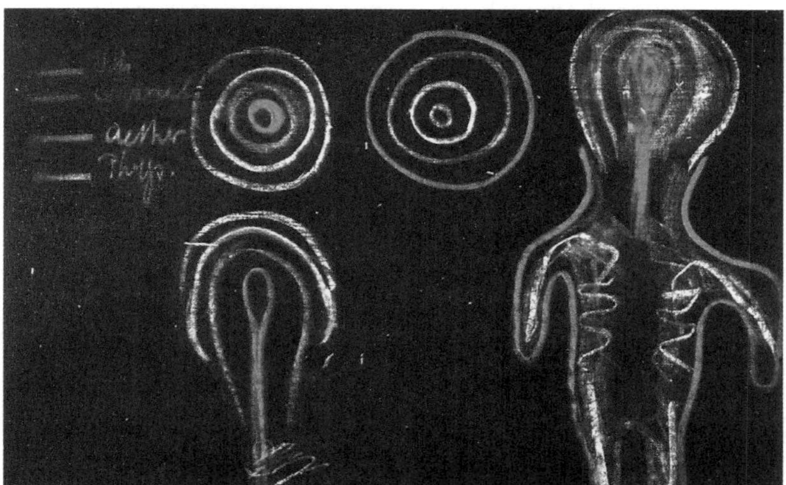

Abb. 1: Tafelzeichnung Heilpädagogischer Kurs, 5. Vortrag

Dieses Bild kann als eigentliches Punkt-Kreis-Motiv und als Ausgangspunkt der Entwicklung der Meditation gesehen werden. Direkt im Anschluss an die Einführung der Meditation im 10. Vortrag bringt Steiner das Bild wieder in Erinnerung: „Sehen Sie, damit kommen Sie überhaupt erst an den Menschen heran. Denn wenn Sie sich erinnern an die Zeichnung, die ich Ihnen vom Stoffwechsel-Gliedmaßenmenschen und vom Kopfmenschen gegeben habe, bedeutet diese Zeichnung gar nichts anderes als die Ausprägung und Verwirklichung dessen, was jetzt in einer einfachen Weise in einer Meditationsfigur vor Sie hingestellt wird. Im Menschen ist das verwirklicht, dass der Ich-Punkt des Kopfes im Gliedmaßenmenschen zum Kreis wird, der natürlich konfiguriert ist.“ (Steiner, 1995, GA 317, S. 154)

Während das Ich demnach im Kopfbereich nach innen gewandt ist und sich selbst und seine Handlungen prospektiv vorstellen und planen sowie retrospektiv erinnern und reflektieren kann, tritt es in der Umsetzung von Plänen mithilfe seiner Gliedmaßen handelnd nach außen in Erscheinung. Es geht also um die dynamische und wechselseitige Beziehung zwischen Vorstellen/Denken einerseits und Handeln/Wollen andererseits, die als Punkt und Kreis gesehen werden können. Vermittelt wird diese Umstülpung von innen nach außen (Planung und Umsetzung) und von außen nach innen (Erinnerung und Reflexion) durch das Ich. Im rhythmischen System von Herz und Lunge begegnen sich Punkt und Kreis und können im Prozess des Fühlens als nur *scheinbar* polare Ausdrucksformen ein- und derselben Aktivität des Ich erlebt werden.

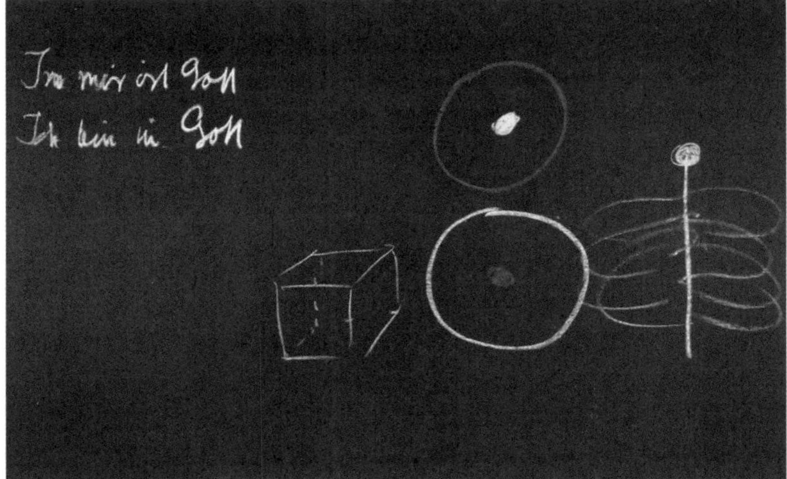

Abb. 2: Tafelzeichnung Heilpädagogischer Kurs, 10. Vortrag

In der Meditation bringt Steiner diesen Prozess in direkten Zusammenhang mit zwei wiederum nur auf den ersten Blick polaren Elementen: zum einen dem pädagogischen Handeln und zum anderen der diesem Handeln zugrundeliegenden geistigen Dimension. Er spricht von einer „Wahrheit“, die darin bestehe, „dass Sie sich am

Abend einleben in das Bewusstsein: In mir ist Gott, in mir ist Gott, oder der Gottesgeist, oder was immer – aber sich dieses nicht bloß theoretisch vorschwätzen, die Meditationen der meisten Menschen bestehen darin, dass sie sich etwas theoretisch vorschwätzen –, und am Morgen so, dass das hineinstrahlt in den ganzen Tag: Ich bin in Gott." (Steiner GA 317, S. 154) Es geht Steiner also, erstens, um ein im Tageslauf aktiv gestaltetes vorstellendes Erleben des Individuums im Hinblick auf das eigene Verhältnis zum übergeordneten Göttlich-Geistigen.

Steiner weist dann darauf hin, dass „diese zwei Vorstellungen [...] ganz Empfindung, ja Willensimpulse werden." (ebd., S. 154) Er benennt hier also, zweitens, die Beziehung zwischen dem inneren Empfinden der pädagogisch Handelnden und den daraus entstehenden Willensimpulsen, d.h. der heilpädagogischen Handlung im Hinblick auf ein Gegenüber. Dieser zweite Aspekt steht in direktem Zusammenhang mit seinen Ausführungen im 3., 4. und 5. Vortrag des *Heilpädagogischen Kurses.* Hier hatte Steiner Phänomene beschrieben, die sich im Spektrum zwischen Konstitution (z.B. stoffwechselbedingte Vergesslichkeit) und Behinderung (z.B. Epilepsie) bewegen (vgl. Holtzapfel 1976; vgl. Niemeijer 2011; Steiner GA 317). In Zusammenhang mit dem Bild von Punkt und Kreis im 5. Vortrag wird deutlich, dass es Steiner hier um ein Verständnis der konstitutionellen Bedingungen geht, die die Möglichkeiten des Ich, sich zur Welt in Beziehung zu setzen, auf den drei Ebenen Denken/Vorstellen, Fühlen/Empfinden und Wollen/Handeln beeinflussen. Die dann im 10. Vortrag entwickelte Meditation dient der Wahrnehmung der Bewegungsrichtungen, der Kräfte und der Dynamiken zwischen Punkt und Kreis und wird von Steiner als grundlegend für Diagnostik und Therapie der oben erwähnten Phänomene gesehen (vgl. Steiner GA 317, S. 154ff.).

Eine in diesem Sinne heilpädagogische Handlung erfordert ein inneres Erleben der Situation des Gegenübers, das auf Grundlage der Punkt-Kreis-Meditation gewonnen werden kann. Denn die scheinbare Polarität zwischen Vorstellung und Handlung wird im

Fühlen aufgehoben bzw. integriert: Die gewonnene Einsicht wird nur dann sinnvolle Handlung, wenn sie auch fühlend und nicht rein abstrakt erlebt wird. Das heißt, der erlebte Prozess soll, drittens, durch ein übergeordnetes Bewusstsein erfasst werden. Denn mit Bezug auf seine Tafelzeichnungen zu Kreis und Punkt beschreibt Steiner im Folgenden, dass beide inneren Erlebnisse „ein und dasselbe" (ebd., S. 154) seien und schließt mit den Worten: „Und Sie müssen einfach verstehen: das ist ein Kreis, das ist ein Punkt. Es kommt nur abends nicht heraus, es kommt nur morgens heraus. Morgens müssen Sie denken: das ist ein Kreis, das ist ein Punkt. Sie müssen verstehen, dass ein Kreis ein Punkt, ein Punkt ein Kreis ist, und müssen das ganz innerlich verstehen." (ebd., S. 154) Diese zunächst rätselhaften Äußerungen erschließen sich aus Steiners spirituellem und monistischem Menschenverständnis: Heil- und Inklusionspädagogik ergibt sich hier *unmittelbar* aus der handelnden Persönlichkeit und deren Beziehungsgestaltung zum Göttlichen wie auch zu sich selbst. Es geht also um die zentrale Frage, wie der sich zwischen Punkt und Kreis, zwischen Ich und Welt, Ich und Gott, Ich und Du aufspannende dynamische Zwischenraum konkret gestaltet werden kann.

Vor diesem Hintergrund haben verschiedene Autor:innen herausgearbeitet, dass das Punkt-Kreis-Motiv den *Heilpädagogischen Kurs* nicht nur durchzieht, sondern geradezu dessen „konstituierendes Prinzip" (Schmalenbach, 2001, S. 2; vgl. Klimm, 1974, S. 23) darstellt. Es ist also nicht verwunderlich, dass Steiners Tafelzeichnungen sowie seine Äußerung während des 10. Vortrages des *Heilpädagogischen Kurses*, der Kreis sei ein Punkt und der Punkt ein Kreis (Steiner, 1995, GA 317, S. 154), über den Zeitraum von 100 Jahren zu einer Reihe spannender Diskussionen und Veröffentlichungen geführt haben. Im folgenden Kapitel versuche ich, daraus einige für meine Thematik zentrale Aspekte aufzugreifen.

2. Punkt und Kreis als Motiv bei Steiner

2.1 Die Punkt-Kreis-Meditation als Weg zum Selbst und zum Gegenüber

Das Bild von Punkt und Kreis ist ein großes, in gewisser Weise allgemeingültiges Motiv, führt es doch in die Mitte unserer menschlichen Existenz.

„Meine Seele und die Welt sind eines nur", so Steiner in einer Wort-Meditation aus dem Jahr 1914 (Steiner, 2019c, GA 40, S. 161) – ein Satz, der eine tiefe Sicherheit erzeugen kann, als Individuum Teil eines größeren Ganzen zu sein. Schon wenn ich mir denkend klarmache, dass Punkt und Kreis immanent verbunden sind, verändert sich etwas in meinem Verhältnis zur Welt. Wenn ich dies dann durch die Meditationspraxis auch im Bereich des Fühlens und schließlich durch die Wirkung der Meditation im Bereich des Handelns erlebe, erweist sich das Motiv von Punkt und Kreis als tatsächlich wirkmächtig.

Zwar ist der Gedanke von Punkt und Kreis bei Steiner bereits in früheren Darstellungen sichtbar (vgl. Kapitel 2.2), jedoch entstehen im *Heilpädagogischen Kurs* zwei neue, sehr eindrückliche Bilder: im 5. Vortrag die Darstellung der Umstülpung der Wesensglieder zwischen zentriertem Kopf und peripheren Gliedmaßen und im 10. Vortrag dann die eigentliche Punkt-Kreis-Meditation. Dass die Punkt-Kreis-Meditation innerhalb des *Heilpädagogischen Kurs*es eine Art zentrierendes Ereignis der an den Vortagen entwickelten anthropologischen Gedanken Steiners ist, wurde vielfach dargestellt (Holtzapfel, 1976; Klimm, 1974; Schmalenbach, 2001) Rüdiger Grimm drückt es so aus: „Auch wenn Steiner die Meditation von *Punkt und Kreis* erst gegen Ende der Vorträge einführte, bildet sie in gewisser Weise den Dreh- und Angelpunkt des gesamten Kurses." (Grimm, 2017, S. 11)

Grimm begründet die „zeitlose Aktualität" des *Heilpädagogischen Kurses* mit dessen besonderem Ansatz, „Grundlagen und Methoden einer heilpädagogischen Menschenkunde so zu vermitteln, dass sie nicht zu starren Denk- und Handlungsmustern führen, sondern dass sich an ihnen eigenständige, aus der jeweiligen Situation heraus entstehende, heilpädagogische Fähigkeiten bilden können". Er weist darauf hin, dass Steiners Ansatz im *Heilpädagogischen Kurs*, sich „nicht nur auf die Bildung und Entwicklung von Menschen in besonderen Lebenslagen [...]" zu beziehen, „sondern auch auf die Bildung und Entwicklung der Menschen, die sich ihnen beruflich widmen," (Grimm, 2017, S. 6) für die damalige Zeit in gewisser Weise einzigartig ist, aber eben auch bis heute noch aktuell. Diese Aktualität gilt insbesondere im Hinblick auf die spirituelle Dimension, die heute in etlichen psychotherapeutischen und pädagogischen Ansätzen ebenfalls berücksichtigt wird (Grimm, 2017, S. 7 f.).

Selbst-Wahrnehmung und die Wahrnehmung des Gegenübers sind in der Punkt-Kreis-Meditation also untrennbar miteinander verbunden. Überdies besteht eine enge Verbindung zwischen der Punkt-Kreis-Meditation und dem grundlegenden Punkt-Kreis-Motiv. Steiner entwickelt die Meditation im 10. Vortrag mit Bezugnahme auf die Darstellung der morphologischen Zusammenhänge innerhalb der physischen menschlichen Gestalt und deren Umwelt im 5. Vortrag. Die Punkt-Kreis-Meditation hat demzufolge das Potential, eine Einfühlung in die leibliche, seelische und geistige Wirklichkeit eines anderen Menschen zu ermöglichen. Auf Basis dieser Einfühlung können intuitiv richtige – das heißt, zur Situation des Anderen passende – Handlungen gestaltet werden (vgl. Grimm, 2005).

Wenn eine solche sich im Augenblick konkret offenbarende Handlung aus Intuition geschieht, ist sie das Gegenteil einer schematisch erlernbaren Methodik und alles andere als eine rezeptähnlich verschriebene „Anwendung".[5] Es ist eine nicht planbare, aber dennoch grundlegend innerlich vorzubereitende Handlung – Albert de Vries (2009) spricht treffend von einer „unerwartet gelungen" Handlung.

Doch die hier wirksam in Erscheinung tretenden intuitiven Fähigkeiten entwickeln sich erst nach und nach durch Übung, und die Meditationsworte „Ich bin in Gott" und „Gott ist in mir" weisen deutlich darauf hin, dass dieser Übungsprozess nur gelingen kann, wenn er von Anfang an auf einer Auseinandersetzung mit der eigenen Person beruht. Die Wahrnehmung des Gegenübers setzt voraus, dass ich auch zu mir selbst in Beziehung bin. Es geht in der anthroposophisch inspirierten Heil- und Inklusionspädagogik also um mehr als die Aktualisierung von Fachwissen und das Erlernen von Methoden oder Techniken, die dann auf eine bestimmte Situation „angewandt" werden. So sinnvoll diese auch im Einzelnen sind – als Beispiel seien bestimmte Gewaltpräventions- oder Interventionsmaßnahmen genannt –, so wenig können sie allein wirksam sein. Dies gilt natürlich genauso auch für alle anderen Berufe, in denen Menschen mit Menschen arbeiten. Auch in diesen ist eine proaktive Auseinandersetzung mit der eigenen Bedingtheit essentiell. Im Heilpädagogischen Kurs machte Steiner dies gleich zu Beginn ganz explizit, indem er, wie in Kapitel 1.1 dargestellt, darauf hinwies, dass jeder Mensch von „Unnormalität" betroffen sei.

Jede Begegnung mit Menschen, sei sie persönlich oder beruflich, stellt also Fragen an die eigene Entwicklung. Eine tatsächlich inklusive, Person-inspirierte Pädagogik kann nur gelingen, wenn die Fachkräfte auch sich selbst gegenüber achtsam sind und aktiv

---

5 Allerdings scheint mir noch nicht systematisch erforscht, bis zu welchem Grad die Punkt-Kreis-Meditation in diesem Sinne wirklich einsetzbar ist bzw. von Menschen bereits erfolgreich eingesetzt worden ist. Für eine tiefgreifende Bearbeitung dieser Frage wären unter anderem auch Selbstaussagen der Menschen nötig, für deren Situation auf diesem Wege ein Verständnis entwickelt werden sollte – oder, sofern sie dies selbst nicht ausdrücken können, mindestens eine Evaluation durch Menschen aus ihrem Umkreis. Es liegt also für die Zukunft ein weites Forschungsfeld offen.

in Verbindung mit ihrem eigenen Person-Sein treten. Das von Steiner gebrauchte Wort „Unnormalität" wäre heute sicherlich eher durch Begriffe wie „Verletzlichkeit" oder „Entwicklungspotential" beschrieben. Gemeint ist jedoch in jedem Fall, dass Pädagogik immer auch Selbsterfahrung, Selbstmitgefühl und Selbstreflexion beinhalten und auch den eigenen Untiefen gegenüber inklusiv sein muss. Das Wissen um die „eigenen Grenzerfahrungen" (Grimm, 2017, S. 20) ist deswegen so wichtig, weil sich aus diesen Erlebnissen Dynamiken und Verhaltenstendenzen entwickeln, die auch in der sozialen oder pädagogischen Beziehung mit einem Gegenüber ihre Wirkung entfalten.

Es gibt viele Möglichkeiten, diesen Weg der Selbstannäherung zu gehen. Dabei ist immer Vorsicht geboten, da wir als Menschen aus guten Gründen nicht alles über uns selbst wissen; so werden schlimme, vielleicht sogar traumatische Erlebnisse mit Hilfe unserer psychodynamischen Schutz- und Abwehrfunktionen vorübergehend verdrängt, unter Umständen ganz vergessen oder in diverse starre Verhaltensmuster (wie z. B. die Projektion eigener bedrohlicher Gefühle auf andere) umgewandelt. Jede intensive Selbstauseinandersetzung kann an die Grenzen dieser noch nicht verarbeiteten Lebensthemen führen und erfordert unter Umständen professionelle Begleitung. Dies ist nun aber sicherlich kein Grund, sich nicht auf diese Auseinandersetzung einzulassen, denn letzten Endes führt gerade diese Begegnung zu wachsender Freiheit in der Beziehung mit sich selbst und anderen.

All dies trifft auf jegliche Formen und Methoden der Selbstannäherung zu. Im Falle der Punkt-Kreis-Meditation ist jedoch noch ein weiterer Aspekt zu beachten – und zwar der, dass sie nicht nur auf eine berufspädagogische, psychohygienische und diagnostische Schulung zielt, sondern als Meditation der anthroposophischen Geisteswissenschaft in eine nicht-sinnliche Wahrnehmung führen kann. Bereits das Punkt-Kreis-Motiv führt gedanklich über das körperliche und seelische Erleben hinaus, und die Punkt-Kreis-Meditation kann diesen Gedanken in ein inneres Erleben bringen. Wenn ich also mit Steiner davon ausgehe, dass es möglich ist, mittels meditativer Tätigkeit einen Einblick in auf den ersten Blick nicht sichtbare, geistige Zusammenhänge zu bekommen, kann auch die Punkt-Kreis-Meditation zu einem solchen Einblick führen.

Hier ist nun ganz entscheidend, dass Steiner bezüglich des von ihm beschriebenen „Schulungsweges" immer wieder darauf hingewiesen hat, dass jeder Versuch, nicht unmittelbar sinnlich Wahrnehmbares zu erfassen, zu der großen Schwierigkeit führt, dass bekannte Anhaltspunkte und Kriterien keine oder wenig Orientierung bieten (Steiner, 2021a, GA 13, S. 37), dass sich in der geistigen Forschung „der Irrtum noch leichter … einschleichen kann als in der äußeren Sinneswelt." (Steiner, 2017a, GA 69e, S. 140) Sogar Meditationsübungen seien „wertlos, ja, in einer gewissen Beziehung sogar schädlich" (Steiner, 2018, GA 267, S. 55), wenn sie nicht durch Übungen zur seelischen Stabilisierung, wie zum Beispiel die sogenannten Nebenübungen (Steiner, 2018, GA 267, S. 55f.), begleitet werden. Auch die Punkt-Kreis-Meditation braucht also bestimmte Bedingungen – nicht nur, um ihr volles Potential zu entfalten, sondern auch, damit sie überhaupt sinnvoll wirken kann und nicht, im Gegenteil, zu einer verzerrten Wahrnehmung führt.

In Kapitel 7 werde ich daher einige Möglichkeiten begleitender und vorbereitender Ansätze zur seelischen Stabilisierung aufzeigen. Diese sind jeweils auch ohne die Praxis der Punkt-Kreis-Meditation sinnvoll und stellen daher mittlerweile in vielen anthroposophisch orientierten heil- und inklusionspädagogischen und sozialen Ausbildungen einen zentralen Bestandteil der Kompetenzentwicklung dar. Mir scheint jedoch, dass nicht nur die Punkt-Kreis-Meditation diese Übungen braucht, sondern umgekehrt die Übungen auch durch die Punkt-Kreis-Meditation eine Fokussierung erhalten, wodurch eine intensive berufspädagogische und seelenhygienische Schulung ermöglicht wird; hier zeigt sich ein ganz besonderes Potential der Punkt-Kreis-Meditation.

Weit darüber hinaus geht es Steiner im *Heilpädagogischen Kurs* jedoch nicht nur um eine allgemeine Schulung seelisch-geistiger

Erfassungsmöglichkeiten, sondern um ein inneres Erleben konkreter konstitutioneller Bedingungen, die sich aus der Punkt- und Kreis-Dynamik ergeben. Das Punkt-Kreis-Motiv entsteht unmittelbar aus der Darstellung zentrifugaler und zentripetaler Tendenzen im 3. bis 5. Vortrag, und die Punkt-Kreis-Meditation schult eine nachvollziehende Diagnostik der im 3. bis 5. Vortrag des Heilpädagogischen Kurses beschriebenen, zentripetalen und zentrifugalen Tendenzen. Auch die Entwicklung der Wahrnehmung dieser konstitutionellen Bedingungen geschieht immer in Beziehung zu ganz konkreten Personen – dem Selbst und dem Gegenüber. Erst wenn ich meine eigene Situiertheit zwischen Punkt und Kreis innerlich erlebe, kann ich möglicherweise auch die des Gegenübers innerlich nachvollziehen und verstehen (vgl. Niemeijer, 2011). Auch an dieser Beziehung lässt sich sehen, wie radikal der Kreis ein Punkt und der Punkt ein Kreis ist.

Verschiedene Autor:innen haben die im 3. bis 5. Vortrag des *Heilpädagogischen Kurses* dargestellten konstitutionellen Zusammenhänge beleuchtet (vgl. Kapitel 3.2), dies ist also nicht primärer Gegenstand des vorliegenden Textes. Für diesen sind hauptsächlich die im 5. Vortrag dargestellten Grundgesten von Reflexion und Intentionalität bedeutsam: Hier beschreibt Steiner, dass das Ich im Kopf-Bereich ganz innen liege, im Gliedmaßen-Bereich ganz außen. Diese Aussage lässt sich anhand der Tatsache verstehen, dass das Ich im Kopf Wahrnehmungen zentriert und versucht, seine Erlebnisse zu einer biographisch bewusst erlebten Identität zusammenzuführen, während es durch die Handlungen der Gliedmaßen versucht, entsprechend seiner Wahrnehmungen, Gedanken, Gefühle und Intentionen in seiner Umwelt zu handeln. Dabei erlebt sich das Ich – zwischen der Wahrnehmungsverarbeitung im Punkt und dem Handlungsausdruck im Umkreis – insbesondere auch in Gefühlen.[6] Es ist, wie oben bereits angedeutet, sogar von

6 Interessanterweise beschreibt Steiner in den ersten Vorträgen der *Allgemeinen Menschenkunde* zunächst die Seelentätigkeit des Fühlens.

zentraler Bedeutung, dass es sich gerade im Hinblick auf seine Gefühlswelt seiner selbst mehr und mehr bewusst wird. Mögliche Wege zu einer Bewusstseinsentwicklung in diesem Sinne sind in Kapitel 7 dargestellt.

2.2 Die Punkt-Kreis-Meditation als Weg zum Göttlichen

Die Aspekte der Wahrnehmung von Selbst und Gegenüber sind in der Punkt-Kreis-Meditation mit einer ihnen letztlich zugrundeliegenden spirituellen Dimension verknüpft. Welch zentrale Bedeutung Steiner dieser Dimension in diesem Zusammenhang zumisst, und als wie untrennbar verbunden er sie mit der seelisch-leiblichen Wirklichkeit sieht, lässt sich an den Meditationsworten „Ich bin in Gott" und „Gott ist in mir" ablesen, aber vielleicht auch an der Art und Weise, wie Steiner – folge ich der Darstellung im *Heilpädagogischen Kurs* – die Meditation einführte. Peter Selg hat diesen historischen und pädagogisch-intentionalen Hintergrund ausführlich dargestellt, u. a. wie Steiner die Meditation in Zusammenhang mit der Betrachtung einer weiteren im *Heilpädagogischen Kurs* vorgestellten Person, der Jugendlichen Erna, einführte (Selg 2013, S. 13 ff.). Steiner erlebte wohl – und nicht nur bei dieser Gelegenheit –, dass seine Zuhörer:innen sich darauf beriefen, nicht „hellsichtig" zu sein wie er es sei, anstatt „durch die liebevolle Hingabe in sich die Fähigkeit (zu) erzeugen, hinzublicken einfach auf das, worauf es ankommt." (Steiner GA 317, S. 151 f.) Selg arbeitet heraus, dass Steiner hier gewissermaßen als „Erzieher" (Selg 2013, S. 22, S. 30) seiner Zuhörer:innen agierte. Über deren mangelnde Wahrnehmung bestimmter Phänomene bei gleichzeitigem allgemeinem „Reden von Missionen, von großen Aufgaben" und geringer „Neigung, auf die speziellen kleinen Dinge, die man dazu braucht, einzugehen" (Steiner GA 317, S. 153), schien er geradezu erschüttert zu sein.

Es lohnt sich, die ausführliche Analyse Selgs zu dieser Situation nachzulesen, denn sie verdeutlicht, warum Steiners Sprache sehr radikal und absolut erscheint, wenn er zur Einführung der Meditation sagt, die Menschen könnten „im Allgemeinen auf dem Gebiete der Pädagogik nichts erreichen, weil sie nicht ernsthaftig jemals eine Wahrheit in sich rege gemacht haben …" (Steiner GA 317, S. 154) Steiner ist tief überzeugt von der geistigen Wirklichkeit, die sich ihm zufolge durch in Erscheinung tretende Phänomene zeigt. Er sieht die Tatsache der physischen Erscheinung des Menschen als Ausdruck eines im Geistigen gründenden Intentionswesens, und beide stehen für ihn in einer ebenso spannungsreichen wie unmittelbaren Beziehung: „Ich bin in Gott", und „Gott ist in mir".

Die Punkt-Kreis-Meditation schließt die Meditierenden also unmittelbar an die Wahrnehmung einer dynamischen Wirklichkeit zwischen den physisch anwesenden Menschen und deren jeweiligem geistigen Bezugspunkt an. Steiner nennt diesen Bezugspunkt Gott. Etwas weiter formuliert würde ich sagen, es geht um die konkrete Beziehung zu dem, was die gestaltende Individualität als göttlich, als geistig oder auch einfach als mehr als das, was sie jetzt selbst ist, erlebt. Hier wird auch der Entwicklungsgedanke Steiners sehr sichtbar, „dass der Mensch wirklich begreife: Er muss werden, er kann nicht auf irgendetwas geben, was er schon ist, er muss fortwährend ein Werdender sein." (Steiner, GA 186, 1990) Denn dieses Werdende im Menschen ist für Steiner untrennbar mit dem Göttlichen verbunden, wenn er z. B. in einem Vortrag am 8. März 1906 in Berlin sagt: „Diejenigen, welche heute Götter sind, waren einmal Menschen, und der Mensch wird in der Zukunft sich zu göttlicher Natur hinaufentwickeln. Der Mensch ist ein werdender Gott und die Götter sind nichts anderes als vervollkommnete Menschen." (Steiner, 1983, S. 368)

Die Meditation ist eine Aktivität, die diese Wirklichkeit nachvollzieht und damit ins Bewusstsein ruft und so eine Grundlage für (heil)pädagogisches Handeln legt. Entsprechend schreibt Schmalenbach (2001, S. 2): „Auch die Haltungen des Heilpädagogen leben im Kraftfeld von Zentrum und Peripherie, welches in der Punkt-

Kreis-Meditation verdichtet wird, in deren Verlauf der Meditierende den fortwährenden Übergang von Punkt und Kreis sich vor das innere Auge führt. Bei dieser Gedankenbewegung handelt es sich nicht um eine Abbildung einer Wirklichkeit im Sinne einer Modellvorstellung, sondern um den Mitvollzug eines schaffenden Prinzips, eines ‚lebendigen' Gedankens, welcher der Bildung der menschlichen Organisation in ihren verschiedenen Schichten zugrunde liegt."

In der Punkt-Kreis-Meditation entsteht in der Metamorphose zwischen Punkt und Kreis Wahrnehmung in jedem Moment neu, in einem fluiden Prozess. Durch die kontinuierliche Übung einer solchen, nicht festlegenden Wahrnehmung gelingt die Gestaltung einer stabilen und zugleich offenen (heil)pädagogischen Beziehung mit dem Gegenüber, denn dieses ist als Entwicklungswesen existentiell darauf angewiesen, immer wieder neu wahrgenommen zu werden. Dieses Prinzip einer immer neu zu erschaffenden Wahrnehmung ist meines Erachtens vor dem Hintergrund jedes entwicklungsfreundlichen Menschenbildes eine ethische Grundbedingung. Völlig unabdingbar ist sie jedoch, wenn ich mit Steiner oder anderen spirituellen Ansätzen annehme, dass wir es im Hinblick auf die Arbeit mit Menschen immer auch mit deren geistigem Wesen zu tun haben – mit einer Dimension also, die per se nicht „greifbar" ist, weil Menschen als Geistwesen eine Zukunft haben, die weit über die beschreibbare Biographie hinausgeht.

Zusammenfassend lässt sich sagen: Die Punkt-Kreis-Meditation ist ein hochdifferenziertes Instrument, das die Wahrnehmung von Selbst und Gegenüber und deren spiritueller Dimension schulen kann. Jeder Mensch bleibt eben immer auch ein Rätsel (Steiner, 1995, GA 317, S. 74), dem ich mich auch im Verstehen zum einen nur so weit nähern kann, wie der jeweilige Mensch es zulässt – und zum anderen auch nur so weit, wie ich es selbst, in einem je gegebenen Moment meiner eigenen Entwicklung, überhaupt vermag.

2.3 Punkt und Kreis als Grundmotive in anderen Werken Steiners

Es ist eine spannende – und wahrscheinlich nicht abschließend zu beantwortende – Frage, wann und wie Steiner die Punkt-Kreis-Meditation entwickelt hat. Denkbar ist, dass sie seiner Intuition entsprang – sie erscheint jedenfalls nicht „ausgedacht". Sofern es einen solchen intuitiven Moment gegeben hat, könnte dieser sich unmittelbar vor Steiners Zuhörer:innen am 5. Juli 1924 ereignet haben, aber auch im Verlauf der vorangegangenen Tage, z.B. im Entwickeln des Bildes im 5. Vortrag, oder auch zu einem viel früheren Zeitpunkt. Denn obwohl das Punkt-Kreis-Motiv eine gewisse Kulmination im *Heilpädagogischen Kurs* findet, schließt es stringent an vorangegangene Darstellungen Steiners an. So steht es in tiefer Verbindung mit bereits früher von Steiner entwickelten Bildern zum Menschsein, z.B. dem weiter unten eingeführten Bild in der *Allgemeinen Menschenkunde.* Im weitesten Sinne geht es hierbei um den Zusammenhang zwischen Mikrokosmos und Makrokosmos. Im Rahmen dieser Darstellung beziehe ich mich im Wesentlichen auf zwei Quellen: Steiners Buch *Theosophie*, wegen seiner grundlegenden Bedeutung in diesem Zusammenhang, sowie die Vortragsreihe *Allgemeine Menschenkunde* die Steiner 1919 vor den Lehrkräften der ersten Waldorfschule hielt, wegen ihrer fachlich-inhaltlichen Nähe zum *Heilpädagogischen Kurs.* Selbstverständlich findet sich das Motiv auch an anderer Stelle bei Steiner.

Grundsätzlich betrachtet Steiner menschliches Sein als geistigen Ursprungs. Geist bildet Leib (Steiner, 1985, S. 84), wobei „das Ich … in Geist und Seele (lebt)" (Steiner, 2013, GA 9, S. 51) und seinerseits ein Ort ist, an dem sich Geist offenbart. Das Ich kann aufgrund seiner Verbindung mit dem Geist den Leib – mit seinen drei Dimensionen von Materie, Lebens- und Bildeprozessen sowie auf Leiblichkeit basierenden Wahrnehmungs- und Kommunikationsprozessen mit der Umwelt – beeinflussen. (Steiner, 2013, GA 9,

S. 51 ff.) Das Ich des Menschen lebt zwar im Leib zentriert, tritt jedoch durch seine seelische Antwort auf Erfahrungen in eine bewegte Korrespondenz zur Welt. Insofern es ein Ort des Geistes wird, kann es sich sogar unbegrenzt in den Umkreis erweitern, z. B. im Denken räumlich ferne Orte oder vergangene Zeiten ins Bewusstsein holen und sogar auch Gedanken zu Dingen entwickeln, die noch gar nicht real sind, aber entstehen können – eine Basis jeder neuen Entwicklung in der Menschheitsgeschichte.

Das Ich befindet sich also in einer aktiv-dynamischen Bewegung zwischen Verdichtung und Entgrenzung. Indem das Ich sich mit einem Leib verbindet, kann dieser zur Ausdrucks- und Handlungsmöglichkeit für das Ich werden: Es ergreift durch den Leib hindurch unmittelbar und ganz konkret die Welt. (Steiner, 1995, GA 317, 3. Vortrag, S. 35 ff.) Indem das Ich sich mit dem Gegenüber – aber erweitert auch mit dem Unendlichen – dem Zukunftspotential, dem „Geistigen" verbindet, kann das Ich mit diesem wachsen. Vermittelnd dazwischen liegt das seelische Erleben. Als eine Art Antwort des im Leib wohnenden Ichs auf die Außenwelt entstehen Gefühle, die je nach Reifegrad der Entwicklung als reine Empfindung erlebt, durch den Verstand geordnet oder durch die Aktivität des Ich in der Bewusstseinsseele auch über den eigenen leiblich-seelischen Bezugsort hinaus erweitert werden (Steiner, 2013, GA 9).

In der 1919 gehaltenen Vortragsreihe *Allgemeine Menschenkunde* entwickelt Steiner die Idee, dass sich diese dynamische Wirksamkeit in zwei Richtungen – mit einer beweglichen, zwischen den beiden Polen liegenden und diese verbindenden, mittleren Aktivität – auch in der Morphologie der menschlichen Gestalt zeigt. Die vielfältige gegenseitige Bedingtheit der drei Bereiche Leib, Seele und Geist stellt Steiner hier systematisch gegliedert dar: in den Vorträgen 1 bis 4 zunächst die Seele und ihre Tätigkeiten Vorstellen, Fühlen und Wollen; in den Vorträgen 5 bis 9 den Geist und seine Bewusstseinszustände Schlafen, Wachen und Träumen; in den Vorträgen 10 bis 13 schließlich den Leib und seine Erscheinungsformen Kugel, Halbkugel und Radius. Interessant ist, dass Steiner im Aufbau seiner Vortragsreihe vor den angehenden Waldorflehrer:innen mit dem seelischen Erleben beginnt. Ich vermute, diese Entscheidung hat er bewusst getroffen, denn das seelische Erleben liegt – trotz seiner unter- und halbbewussten Qualität – sehr häufig im Vordergrund unserer Wahrnehmung, wenn z.B. Gefühle sehr stark sind oder uns zu überfluten drohen. Wir haben zu diesen dann zwar zunächst einen nur halbbewussten (Steiner: „träumenden") Zugang, jedoch beeinflussen sie deswegen nicht weniger stark den Bereich des Denkens, der Vorstellung und der Wahrnehmung sowie auch den Bereich des Handelns. Die Seelentätigkeiten des Vorstellens und Handelns werden also in ihrer Qualität und in ihrem Zugriff auf die Welt durch den Gefühlsbereich stark beeinflusst und, wenn der Zugang zum Fühlen nicht bewusst gestaltet wird, unter Umständen auch erheblich beeinträchtigt.

Der Bezug zum Punkt-Kreis-Motiv lässt sich auf allen drei Ebenen finden: in den leiblichen Formzuständen, in den seelischen Tätigkeiten sowie im Bereich der geistigen Bewusstseinszustände. Bezüglich der leiblichen Formzustände skizziert Steiner im 10. Vortrag der *Allgemeinen Menschenkunde* den Kopfbereich des Menschen als eine Kugelform, deren Mittelpunkt im Innern des Kopfes liegt. Den Brustbereich beschreibt er als „Mondenform", die ein „Kugelfragment" (Steiner, 2019a, GA 293, 10. Vortrag, S. 156) enthält; deren Mittelpunkt befindet sich im Raum vor der Brust, also nicht mehr im leiblich Gewordenen, aber durchaus noch im unmittelbar seelischen Erlebnisraum. Die Gliedmaßen beschreibt Steiner als strahlenförmig, als die sozusagen physisch sichtbar gewordenen Enden der Radien einer unendlich großen Kugelfläche; hier können wir unsere eigene Wirkung nur mit größter Mühe wahrnehmen, denn wir wissen nicht mit letzter Sicherheit, welche Folgen das, was wir tun, bei einem anderen Menschen – vielleicht sogar an irgendeinem weit entfernten Punkt der Erde – letztlich auslöst. Dabei sind diese Bereiche selbstverständlich nicht scharf zu trennen, sondern agieren miteinander.

So ist die punktartige Zentrierungsfähigkeit des Kopfes eine dynamische Tendenz, denn das Nerven-Sinnes-System, das rhythmische System und das Stoffwechsel-Gliedmaßen-System durchdringen sich ständig und sind aufeinander angewiesen (Steiner, 2019a, GA 293, 12. Vortrag). Im Kopfbereich z.B. zeigt sich dies vor allem nach vorne und nach unten hin, wo jeweils eine Öffnung zu finden ist: Augen, Nase, Mund und Ohren als zentrale Organe der seelisch tingierten Sinneswahrnehmung nehmen die physisch-äußere Sinneswelt wahr, stellen aber auch den Bezug zum rhythmischen System (Nase) sowie zum Stoffwechsel-Gliedmaßen-System (Mund) her. Im Kopfbereich findet sich also eine tendenziell kugelig-abgeschlossene Form mit dem Mittelpunkt der Kugel im Inneren; in diesem – zwar durch die Sinnesorgane zur Welt geöffneten, jedoch verhältnismäßig geschützten – Raum findet die Aktivität der Wahrnehmungsverarbeitung statt. Der Kopf dient vor allem der Vorstellungsbildung, die sich immer auf bereits Erfahrenes berufen muss – der Kopf in seiner Funktionalität kann keine Zukunft schaffen, nur Erkenntnisse in die Handlungsplanung einbringen. Zwar kann er uns bei der Zukunftsplanung unterstützen, durchführen jedoch können die Planungen nur die Gliedmaßen – und dies geschieht nur dann, wenn der Plan auch im Fühlen bejaht wird. Wie oben dargestellt, geht Steiner davon aus, dass sich Geist als Leib zeigt (Steiner, 1985, S. 84). Dabei steht der Kreis als Bild für Vollkommenheit sozusagen für die ganz in Erscheinung tretende geistige Wirksamkeit. Da der Kopf mit seiner Tätigkeit bereits vollendete und nicht mehr änderbare Wirklichkeiten abbildet, tritt die dahinterstehende Wirksamkeit auch physisch ganz in Erscheinung, ist die Kopfform ebenfalls „abgeschlossen" im Sinne von vollendet: „Nur die Kopfkugel bringt sich selbst ganz zum Ausdruck, sie ist voll sichtbar, ganz Leib." (Leber, 2002, S. 140)

Während sich die Vorstellungs- und Erinnerungstätigkeit des Kopfes auf bereits Vollendetes bezieht, spielt sich die Gefühlstätigkeit zwischen Vergangenheit und Zukunft ab. So bleiben manche Gefühle sozusagen in der Vergangenheit stecken, z.B. bei sehr schlimmen, traumatischen Erfahrungen, oder richten sich auf eine Zukunft, von der völlig ungewiss ist, ob sie sich so gestalten wird, wie wir sie ersehnen. Im Idealfall aber sind wir im Fühlen so frei, dass wir ganz gegenwärtig sein können und Gefühle zu dem entwickeln, was ist. Da die von uns häufig im Brust- und Herzbereich erlebte Tätigkeit des Fühlens sich nicht nur auf bereits Abgeschlossenes oder noch nicht Seiendes bezieht, sondern auf etwas Prozessuales, tritt die zugrundeliegende umfassende Wirksamkeit gemäß Steiner auch nur teilweise physisch in Erscheinung: Nach hinten schließen die Rippen sich zusammen, hier erscheint mondenförmig das „Kugelfragment", nach vorne hin sind die Rippen ganz offen, und der Mittelpunkt der Kugel liegt im Raum vor der Brust. In diesem offenen und nicht mit einer Physis gewordenen Gestalt ausgefüllten Raum finden seelisches Erleben und dynamische Interaktion mit der Umwelt statt. Für Steiner zeigt sich also die seelisch-geistige Zwischennatur des Fühlens wiederum auch in der morphologischen Gestalt des Brustraums.

In den Gliedmaßen öffnet sich die Gestalt schließlich ganz zur Welt, Steiner bezeichnet sie daher als „Radien der Kugel" (Steiner, 2019a, GA 293, 10. Vortrag, S. 157), deren Zentrum potenziell überall dort im Raum entsteht, wohin die Bewegung der Gliedmaßen intendiert. Da wir uns mit unseren Gliedmaßen jederzeit in jede Richtung wenden und dadurch zu den Handlungen anderer Menschen in Beziehung setzen können, entsteht hier eine quasi unendliche Kugelfläche. Es ist eine Kugel, die sich nicht in ihrer leiblichen Ausgestaltung erschöpft und abschließt, vielmehr werden von den Gliedmaßen nur die Radien einer hochbeweglichen, dynamischen Kugelfläche sichtbar. Das Zentrum dieser Kugelfläche ist überall, daher können wir uns durch Muskeln und Gliedmaßen in alle Richtungen wenden und durch unsere Handlungen gemeinsam mit anderen Menschen Keime für die Zukunft legen.

Das Punkt-Kreis-Motiv erschöpft sich jedoch nicht in der leiblichen Anschauung, sondern bildet auch die Grundlage des jeweiligen seelischen Erlebens. Im Bereich von Wahrnehmung, Vorstellung und Denken ist der Kopf der „Punkt“, in dem Wahrnehmung gebündelt und entschlüsselt wird; im *Heilpädagogischen Kurs* bezeichnet Steiner dies auch als ein „synthetisches System“ (Steiner, 1995, GA 317, S. 14). Dabei ist Steiner überzeugt, dass der Kopf und das Nervensystem die Wahrnehmungen, Gefühle und Gedanken nicht in sich geschlossen erzeugen, sondern im Gegenteil eine Art Spiegel für die äußere (externe Objekte, eigener Leib) und für die innere Welt (Gefühle, Reaktionen auf Objekte und physische Erlebnisse) sind. Dies hat er vielfach ausgeführt, u.a. auch im 2. Vortrag des *Heilpädagogischen Kurs*es (Steiner, 1995, GA 317) und im 7. Vortrag der *Allgemeinen Menschenkunde* (Steiner, 2019a, GA 293). Aus phänomenologischer Sicht hat Thomas Fuchs systematisch begründet, wieso das Gehirn nicht – wie von manchen Vertreter:innen der Neurobiologie bis heute angenommen – die Sinneswelt erzeugt, sondern für seine inneren Bilder/Repräsentationen der äußeren Welt immanent auf die gesamtleibliche und seelische Existenz und deren Welterleben angewiesen ist (Fuchs, 2009). Im „mondenförmigen“ Brustbereich entsteht das Wechselspiel zwischen Wahrgenommenem und eigener seelischer Reaktion. Gemäß Steiner erstreckt sich der Bereich der Wahrnehmung auf den eigenen Körper sowie auf dessen Interaktion mit der Umwelt, auf die Umwelt an sich und schließlich auch auf die in der Umwelt anzutreffende Innenwelt anderer Menschen (Steiner, 2019a, GA 293, 8. Vortrag; Auer, 2007). Sofern unsere Gefühle sich auf die natürliche oder soziale Umwelt beziehen, erleben wir den Raum vor uns, der uns mit den Menschen verbindet, denen wir begegnen und mit denen eine seelische Wechselwirkung entsteht. Hier finden wir ein träumendes Bewusstsein vor. Da dieses Bewusstsein sich zwischen Schlaf- und Wachzustand bewegt, kann ich versuchen, den Übergang vom träumenden Bewusstsein in eine wachere Wahrnehmung meiner selbst und der Dynamiken zwischen mir und anderen aktiv zu gestalten. Es ist also von Bedeutung, welchen Grad der Wachheit ich auf der von Steiner beschriebenen geistigen Ebene des Bewusstseinszustandes jeweils erlebe und welchen stabileren

Zugang zu diesem meist flüchtigen Bewusstsein ich durch Übung entwickele. Dies wird Gegenstand meiner Ausführungen in Kapitel 7 sein.

Wenn ich nun seelisch etwas erlebe, kann dies zu einem Handlungsimpuls führen. Dabei kann ich nicht nur den unmittelbar sichtbaren Umkreis meines Körpers beeinflussen, sondern mein Handlungsimpuls kann sich – entsprechend dem von Steiner entwickelten Bild einer unendlichen Kugelfläche – auf die gesamte Welt erstrecken. In diesem Bereich gibt es letztlich keine Trennung zwischen mir und den anderen, denn meine Kugelfläche fällt im Kosmos zusammen mit der Kugelfläche anderer Menschen: wir begegnen uns in den Auswirkungen unserer Handlungen, auch wenn dies (noch) weitgehend unbewusst ist. Punkt (Kopf bzw. im Sozialraum der einzelne Mensch) und Kreis (Gliedmaßen bzw. im Sozialraum die durch Handlungen erzeugte Sozialgestalt) sind untrennbar verbunden: Der Punkt ist ein Kreis, und der Kreis ist ein Punkt.

Die Gliedmaßen sind also die einzige Möglichkeit, unsere in Vorstellung und Gefühl wahrgenommenen Intentionen auch tatsächlich auszuführen; dabei sieht Steiner auch einen Bezug zu einem von ihm gedachten nächsten Leben, denn jede Handlung hat über die Gegenwart weit hinausreichende Folgen. Gerade weil im Falle der Gliedmaßen im Leib nicht die volle Wirksamkeit sichtbar wird, ist hier gemäß Steiner noch Entfaltungspotential für die Zukunft.

2.4 Punkt und Kreis als Grundlage von Wiederverkörperung

Steiners Ideen gehen also weit über die Betrachtung der in einem gegebenen Moment mehr oder weniger sichtbaren Bezüge zwischen Kopf und Gliedmaßen, Einzelmensch und Sozialraum hinaus. Immer wieder skizziert er eine über das jetzige Leben hinausgehende Umwandlung zwischen Kopf und Gliedmaßen, eine mehrere Leben übergreifende Metamorphose von Punkt zu Kreis und Kreis zu Punkt: „Es stecken eigentlich drei Menschen … in dem Menschen drinnen. Der erste, der Kopfmensch, ist eigentlich die Umbildung der vorigen Inkarnation. Der Brustmensch ist eigentlich die jetzige Inkarnation an sich. Und das, was der Mensch tut, wie er sich in der äußeren Welt betätigt, was namentlich in seinen Gliedmaßen zum Ausdruck kommt und in seinem Stoffwechsel, das trägt ihn wieder in die nächste Inkarnation hinüber." (Steiner, 1992, GA 208, S. 78) Für Steiner war die Wiederverkörperung des Ich über mehrere Leben hinweg eine konkret von ihm selbst seelisch erlebte Wirklichkeit, die er in vielen seiner Werke und Vorträge darlegte. Im Gedanken von Punkt und Kreis entwickelte er nun jedoch nicht nur die grundsätzliche Idee, dass eine physische Wiedergeburt möglich sei, sondern auch die Idee eines sich bis in die seelisch-leibliche Gestalt auswirkenden Zusammenhangs zwischen den drei Formprinzipien Kugel, Halbkugel und Radius über mehrere Leben.

Wenn ich persönlich dieses Bild auf mich wirken lasse, erlebe ich innerlich eine große, dynamische Bewegung. Mit meiner gewöhnlichen Wahrnehmung beziehe ich mich zunächst auf die physisch sichtbare sinnliche Welt; selbstverständlich sind die Qualität und Genauigkeit dieser Wahrnehmung von meiner leiblich-seelischen Verfassung geprägt: Wie sind meine Sinnesorgane ausgebildet, wie wach bin ich, wohin richte ich meine Aufmerksamkeit, und wie konzentriert kann ich mich dem Wahrgenommenen zuwenden? Inwieweit nehme ich wirklich das wahr, was da ist – und inwiefern geraten Erinnerungen, Wunschvorstellungen oder andere verzerrende Faktoren in meine Wahrnehmung hinein? Gleiches gilt auch für die Wahrnehmung innerseelischer Zustände oder auch interaktiver Dynamiken zwischen mir und anderen Menschen: Ich kann in diesem Bereich etwas wahrzunehmen versuchen, und wenn ich mich auch in den schmerzhaften Regionen meiner Seele gut orientieren kann und wahrzunehmen beginne, welche Faktoren meine Wahrnehmung evtl. beeinflussen, kann ich mit recht hoher Sicherheit eine zumindest für diesen Moment gültige Aussage machen. Vielleicht wage ich mich dann noch ein Stückchen weiter und versuche zu erfassen, welche biographischen Intentionen ich selbst oder andere Menschen haben: Welche Ziele setzt sich ein Individuum in einem Leben, und was sehe ich daran? Da die Zukunft immer offen ist und sowohl intra- als auch interpersonell völlig Unerwartetes geschehen kann, bin ich hier zwar schon in einem Bereich, in dem sich keine sichere oder gar abschließende Aussage machen lässt. Dennoch: Vielleicht erfasse ich aufgrund des Verhaltens oder der Aussagen meines Gegenübers zumindest deren Sehnsucht, Hoffnung oder Intention, die sich auf die Zukunft richten.

All dies findet noch im Rahmen von Zusammenhängen statt, die ich prinzipiell mit meinem jetzigen seelisch-leiblichen Wahrnehmungsvermögen erfassen kann – je nach Verfassung und Bewusstseinszustand mehr oder weniger gut. Wenn ich mir hingegen Steiners Bild einer Metamorphose von Kopf und Gliedmaßen über das jetzige Leben hinaus vorstelle, verlasse ich diesen mir bereits bekannten Wahrnehmungsbereich. Es entsteht eine Bewegung, die weit über das hinausreicht, was ich noch mit meinem jetzigen Wahrnehmungsvermögen erfassen kann. Zum jetzigen Zeitpunkt weiß ich persönlich tatsächlich noch nicht, ob ich das Bild als eine mächtige Halluzination einordnen soll oder als Offenbarung eines geistig realen Zusammenhangs. Ich selbst habe beschlossen, mit dieser Offenheit weiter zu leben, mit der Idee als Bild zu leben – und zu beobachten, was dies für mich bedeuten wird.

Unabhängig von meiner subjektiven Auseinandersetzung ist dieses Bild meines Erachtens innerhalb von Steiners ganzheitlichem Ansatz stimmig. Hier sind Leib, Seele und Geist aufeinander bezogen und können nur als Ganzes verstanden werden. Dementsprechend müsste der Prozess der Wiederverkörperung auch alle drei Dimensionen enthalten. Dies sieht Steiner so, dass aus den Handlungen eines früheren Lebens (Kreis) eine Art konkret leiblicher Punkt (Kopf) entsteht, der wiederum in seiner Wirkungskraft immanent angewiesen ist auf die Tätigkeit der Gliedmaßen, die während der embryonalen Entwicklung aus der Punkt-Geste nach und nach in den Umkreis wachsen, motorische Fähigkeiten entwickeln und in ihren Handlungen wiederum auf die Zukunft gerichtet sind (vgl. Steiner, 2019a, GA 293, 2. Vortrag).

Da Zukunft per se noch nicht physisch verwirklicht ist, entsteht ein Raum, in dem alles offen ist. Dieses Element der Freiheit, die in jedem Moment zumindest innerlich neu erzeugt und gewollt werden kann, ist in meinen Augen ein zentrales Element der Anthroposophie. In der Punkt-Kreis-Meditation verwirklicht sie sich in dem Zwischenraum zwischen Punkt und Kreis. Rüdiger Grimm weist daraufhin, dass diese Freiheit den scheinbaren Gegensatz zwischen Punkt und Kreis ganz konkret auflöst, so dass wir nicht entscheiden müssen, dies oder jenes zu tun, sondern von einem zum anderen gehen können, fast wie gleichzeitig, sozusagen am Übergang beständig aktiv sind. Er schreibt weiter: „Der Wechsel zwischen einem meditativen Erleben und der Hinwendung zu den Tagesaufgaben muss das Leben keineswegs in eine vita contemplativa und eine vita activa teilen: man könne vor oder nach einer entscheidenden Handlung die wirksamste Meditation mit vollständigem Vergessen dessen machen, was man in der Handlung erlebt habe, sagte Steiner noch am Ende seines letzten Vortrags: ‚Denn darauf kommt es an, dass man es in seiner Macht hat, sich herauszureißen aus der einen Welt und sich hineinzufinden in die andere Welt' (Steiner 1995, S. 184). Wer Momente geistiger Präsenz herstellt, löst sich von dem Verhaftet-Sein an den gegenwärtigen Moment und ist in der Lage, die gegebene Situation durch einen als unmittelbar anwesend erlebten geistigen Inhalt zu beleuchten." (Grimm, 2017, S. 15)

Es entsteht also unmittelbar in der Tätigkeit des Meditierens die Fähigkeit der Gegenwärtigkeit, und diese hat eine unmittelbar praktische Bedeutung. Indem ich mich kontemplativ vom „Verhaftet-Sein an den gegenwärtigen Moment" löse, wird zugleich eine

Fähigkeit geübt, die eine ganz praktisch reale Bedeutung hat in der Fülle der Themen, Aufgaben und Menschen, die, häufig schnell wechselnd, aktive Präsenz brauchen. Es geht ja letztlich auch hier darum, es in seiner Macht zu haben, immer wieder von der einen Welt in die andere zu finden – sei es aus der eigenen Perspektive in die des Gegenübers oder aus der Wahrnehmung einer Situation in das Bewusstsein für eine andere Situation. Für Steiner enthält diese Fähigkeit des Ich, von der Präsenz in der einen Situation in die Präsenz einer anderen Situation zu wechseln, zugleich den Aspekt der Gegenwärtigkeit des Ichs in einem das jetzige Leben überdauernden Sinne: Bewusstsein endet nicht mit dem physischen Tod und wird in einem späteren Zeit-Raum-Gefüge erneut leiblich in Erscheinung treten. Dieser Thematik einer Wiederverkörperung des Ich werde ich mich in Kapitel 8 in Zusammenhang mit der Frage nach Steiners Karma-Gedanken erneut zuwenden.

3. Die Punkt-Kreis-Meditation und ihre Zielsetzungen

3.1 Die Punkt-Kreis-Meditation als Ergebnis von Steiners phänomenologischer Betrachtung im *Heilpädagogischen Kurs*

Ähnlich wie in der *Allgemeinen Menschenkunde* ergibt sich das Punkt-Kreis-Motiv im *Heilpädagogischen Kurs* aus der Betrachtung der menschlichen Gestalt, hier jedoch erweitert um (heil)pädagogische Aspekte, insbesondere die im 3. bis 5. Vortrag beschriebene dynamische Wirkung zentripetaler und zentrifugaler Kräfte. Daher ist es nicht verwunderlich, dass Steiner im 10. Vortrag unmittelbar im Anschluss an die Darstellung der Punkt-Kreis-Meditation auf deren Bedeutung im Rahmen seiner menschenkundlichen Darstellung der vorangegangenen Tage verweist: „Denn wenn Sie sich erinnern an die Zeichnung, die ich Ihnen vom Stoffwechsel-Gliedmaßenmenschen und vom Kopfmenschen gegeben habe, bedeutet diese Zeichnung gar nichts anderes als die Ausprägung und Verwirklichung dessen, was jetzt in einer einfachen Weise in einer Meditationsfigur vor Sie hingestellt wird. Im Menschen ist das verwirklicht, dass der Ich-Punkt des Kopfes im Gliedmaßenmenschen zum Kreis wird, der natürlich konfiguriert ist. Und Sie lernen verstehen überhaupt den ganzen Menschen, wenn Sie in dieser Weise an ihn herangehen, wenn Sie versuchen, ihn innerlich zu verstehen. Aber zuerst müssen Sie dieses haben, dass die zwei Figuren, die zwei Vorstellungen ein und dasselbe sind, dass sie gar nicht unterschieden sind voneinander. Nur von außen angesehen sind sie verschieden. Da ist ein gelber Kreis, da ist er auch. Da ist ein blauer Punkt, da ist er auch. Warum? Weil das die schematische Figur des Kopfes ist, weil das die schematische Figur des Leibes ist. Aber wenn der Punkt sich behauptet in den Leib hinein, dann wird er eben zum Rückenmark; wenn der Punkt hier sich hineinbegibt, wird dasjenige, was er sein soll in der Kopforganisation, dann eben Rückenmarkansatz (siehe Tafel 12). Die innere Dynamik der Morphologie ergibt sich Ihnen einfach dadurch. Sie können eine Anatomie, eine Physiologie bekommen, indem Sie von dem ausgehend meditieren.“ (Steiner, 1995, GA 317, S. 150)

Die im 5. Vortrag des *Heilpädagogischen Kurs*es dargestellten morphologischen Zusammenhänge sind jedoch nicht rein leiblich zu verstehen, sondern ebenso seelisch-geistig, als polare Grundgesten von Reflexion (Kopf) und Intentionalität (Gliedmaßen). Im Kopf integriert das Ich seine vielfältigen, auf den eigenen Körper sowie die Umwelt bezogenen Wahrnehmungen. Auf dieser Grundlage versucht es, seine autobiographische Identität und Verortung in einen sozialen Zusammenhang zu erfassen sowie seine zukünftige Zielrichtung zu erahnen. Es trifft Entscheidungen, die dann mehr oder weniger bewusst, mehr oder weniger stringent von den Gliedmaßen umgesetzt werden. Das vermittelnde Element zwischen diesen Polen ist das Fühlen, das allerdings in der Darstellung Steiners an dieser Stelle aufgrund des polaren Aufbaus der beiden Bilder nur implizit sichtbar wird. Auf die zentrale Rolle des Fühlens werde ich in Kapitel 7 zurückkommen.

Das menschenkundlich hergeleitete Punkt-Kreis-Motiv aus dem 5. Vortrag und die Punkt-Kreis-Meditation aus dem 10. Vortrag lassen sich also nicht voneinander trennen. Wenn auch die Zielrichtung der Meditation über die Wahrnehmungsschulung menschenkundlicher Phänomene weit hinausreicht, entsteht sie doch unmittelbar aus der von Steiner entwickelten anthropologischen Perspektive und dient zugleich deren Wahrnehmung in der konkreten Anschauung.[7] Dabei geht es, wiederum im Sinne von

7 Einen konkreten Hinweis darauf finden wir auch in der Darstellung Steiners zur Situation Willfrieds im 11. Vortrag (Steiner, 1995, GA 317, S. 174f.), auf die ich später eingehen werde.

Kreis und Punkt, sowohl um große Zusammenhänge (z.B. der Bezug zum Göttlichen in mir und im Gegenüber) als auch um scheinbar unbedeutende kleine Phänomene und die Notwendigkeit einer *Andacht zum Kleinen* (Steiner, 1995, GA 317; Fischer, 2001). In jedem Fall aber ist es die Individualität, die die Meditation in sich selbst vollzieht und damit zugleich in ein kreatives Verhältnis zum Umkreis tritt. Es ist äußerst spannend, wie unterschiedliche Menschen diesen Prozess beschreiben. Die Sekundärliteratur zum Punkt-Kreis-Motiv im *Heilpädagogischen Kurs* ist facettenreich. Facettenreich wahrscheinlich in erster Linie, weil das Thema, wie dargestellt, den ganzen Kurs durchzieht und die Spur zu etlichen anderen Themen sowohl im *Heilpädagogischen Kurs* als auch in anderen Darstellungen Steiners legt. Facettenreich aber sicherlich auch, weil die Angaben zur dazugehörigen Meditation nötig machen, dass sich Menschen als Individuen dazu in ein Verhältnis setzen – conditio sine qua non einer solchen Praxis.

Da es im vorliegenden Text aus Platzgründen nicht möglich ist, die Veröffentlichungen aller Autor:innen zur Punkt-Kreis-Meditation als in diesem Sinne individuell erlebte und beschriebene Praxis zu berücksichtigen, werde ich mich im Wesentlichen auf die Veröffentlichungen von Rüdiger Grimm zum Thema beschränken. Diese sind zum einen inhaltlich am umfassendsten und dialogisch in andere Ansätze eingebettet, zum anderen beachten sie die zentrale Bedeutung der Achtsamkeit auf eigene Gefühle, die für meinen Text eine große Rolle spielt.

3.2 Die Punkt-Kreis-Meditation als Instrument der Kompetenzentwicklung

Die im 3., 4. und 5. Vortrag des *Heilpädagogischen Kurs*es dargestellten zentripetalen und zentrifugalen Bewegungsrichtungen haben gemäß Steiner eine unmittelbare Auswirkung auf leibliche Bedingungen und seelisches Erleben, soweit es sich aus diesen ergibt; in der Sekundärliteratur ist von „Polaritäten" (Grimm, 2011a; Holtzapfel, 2003) oder „Konstitutionsbildern" als „Fließgestalt" (Niemeijer et al., 2011) die Rede. Wie in Abschnitt 2.4 dargestellt, wurde die Punkt-Kreis-Meditation von Steiner in unmittelbarem Zusammenhang mit diesen Bewegungsrichtungen entwickelt. Mit der Frage danach, inwiefern die Punkt-Kreis-Meditation der Kompetenzentwicklung dienen kann, richtet sich das Augenmerk daher wie selbstverständlich zunächst auf die Wahrnehmung oder – in der Sprache des in der anthroposophischen Heilpädagogik lange vorherrschenden medizinischen Paradigmas – auf die „Diagnostik" dieser leiblich-seelischen Bedingungen. Ein solch konkreter Wahrnehmungsversuch hinsichtlich der Situation eines anderen Menschen beruht jedoch immer auf der Entwicklung allgemeiner Kompetenzen wie Wahrnehmung, Einfühlung und Intuition.

Rüdiger Grimm hat in verschiedenen Veröffentlichungen den Zusammenhang zwischen der Entwicklung derartiger allgemeiner Kompetenzen durch die Punkt-Kreis-Meditation (Grimm, 2005, 2011b) sowie auch durch andere meditative Elemente des *Heilpädagogischen Kurs*es (Grimm, 2017) und der konkreten Wahrnehmungsfähigkeit im Hinblick auf die seelisch-leibliche Situation eines anderen Menschen herausgearbeitet. In diesem Sinne lässt sich die Punkt-Kreis-Meditation als ein Instrument zur Entwicklung zweier miteinander zusammenhängender Zielrichtungen verstehen: Zum einen kann sie ein Instrument der Entwicklung von Wahrnehmung, Empathie und Intuition, auch sich selbst gegenüber, bilden (vgl. Hammerstein, 2007; Pichler, 2016; Suska, 2017). Zum anderen kann sie, im Hinblick auf die von Steiner im *Heilpädagogischen Kurs* herausgearbeiteten menschenkundlich-konstitutionellen Aspekte, auch zum Instrument einer auf diesen allgemeinen Fähigkeiten beruhenden, nachvollziehenden Diagnostik werden (Grimm, 2011a; Niemeijer, 2011). Beide Zielrichtungen sind verbunden durch den göttlich-geistigen Aspekt der Meditation.

Auf der im vorangehenden Kapitel dargestellten Ebene individuell durchgeführter und erlebter Praxis beschreibt Grimm

(Grimm, 2005, 2011b, 2017) die Punkt-Kreis-Meditation auf verschiedenen, zunächst polar strukturierten Ebenen: räumlich (Ausdehnung – Zusammenziehung), zeitlich (Abend – Morgen), seelisch bewusstseinsbildend (Kontemplation – Handlungsintention) und überpersönlich (Gott ist in mir – Ich bin in Gott). Diese Ebenen sind nur zunächst polar, weil der Prozess der Meditation diese Polarität ja ständig aufhebt: „Sie müssen verstehen, dass ein Kreis ein Punkt, ein Punkt ein Kreis ist." (Steiner, 1995, GA 317, S. 154) Grimm arbeitet heraus, dass das „Bild eines Kindes [...] einerseits das Ergebnis von Beobachtung und Wahrnehmung ist und andererseits Resultat der Bemühung, die aus der Wahrnehmung gewonnenen Daten und Inhalte nicht als äußere Resultate stehenzulassen, sondern sie als Möglichkeit zu nutzen, sich in die leibliche und seelische Konstitution eines Kindes einzuleben". Grundlage für ein solches Einleben ist „eine offene, aber auch verinnerlichende Haltung." (Grimm 2005, S. 6) Grimm verweist darauf, dass Steiner den dieser einfühlenden Wahrnehmung zugrundeliegenden Prozess „als einen Akt der Nähe und der Distanz charakterisierte, d.h. in welchem das empathiebildende Mitgefühl die Situation des Kindes nachbildet und nachfühlt, zugleich jedoch die eigenen Gefühle zurückhält." (ebd., S. 6) Und weiter: „Dadurch stehen nicht die Emotionen und Gefühle, die man selber hat, im Vordergrund des Bewusstseins, sondern die Fähigkeit des Fühlens wird zu einem Instrument der Wahrnehmung für die Lage des anderen Menschen. Der eigene seelische Innenraum bildet den Ort, an dem eine fremde Innerlichkeit zum Ausdruck gelangen kann." (ebd., S. 6) In diesem Sinne sieht Grimm die Punkt-Kreis-Meditation als „meditative Steigerung der Aufmerksamkeit". (Grimm, 2011b; S. 1)

Die Entwicklung einer solchen bewusst geführten, inneren meditativen Haltung von Aufmerksamkeit auf das Gegenüber erfordert einen besonderen Umgang mit dem eigenen Gefühlsraum. Zwischen dem punktartigen Kopf-Pol, in dem Wahrnehmung zu Vorstellung wird, und dem kreisartigen Gliedmaßen-Pol, in dem sich, wie in Abschnitt 2.2 dargestellt, Handlungen in die Zukunft und in den Raum richten, liegt der dynamische, verbindende, mondenförmige Raum von Herz und Atmung. Hier geht es um das Wechselspiel zwischen Innen- und Außenwelt, aber auch um den Grenzübergang zwischen Ich und Du. Handlungen sind dann der Situation und/oder der Person angemessen, wenn sie wirklich deren Bedürfnissen entsprechen. Diese Bedürfnisse können nur dann wahrgenommen werden, wenn sie nicht mit denen der wahrnehmenden Person zu einer nicht mehr differenzierbaren Einheit verschmelzen. Rüdiger Grimm: „Intuition im ‚Heilpädagogischen Augenblick' ist, wie bereits gesagt, nicht nur der ‚Einfall', die schöpferische Idee, die unmittelbar in eine Handlung mündet. Das ist gewissermaßen schon das Ende eines Prozesses, der als erkennende Erfahrung des anderen Menschen beginnt, so wie sie in der individuellen Begegnung oder im gemeinsamen Ringen um das Rätsel des Kindes eintritt … Die mittlere Episode der Intuition ist vergleichbar mit dem Vorgang, den man heute als Empathie bezeichnet […] ‚Erst dann, wenn man es so weit gebracht hat, dass einem eine solche Erscheinung zum objektiven Bild wird, dass man sie mit einer gewissen Gelassenheit als objektives Bild nimmt und nichts anderes dafür empfindet als Mitleid, dann ist die im astralischen Leib befindliche Seelenverfassung da, die in richtiger Weise den Erzieher neben das Kind hinstellt' (Steiner 1995, GA 317, S. 35). Von hier aus verläuft der Übergang in das intuitive Handeln gleichsam als Metamorphose der Erkenntnis und Empathie: ‚Und dann wird er alles Übrige mehr oder weniger richtig besorgen. Denn, meine lieben Freunde, Sie glauben gar nicht, wie gleichgültig es im Grunde genommen ist, was man als Erzieher oberflächlich redet oder nicht redet, und wie stark es von Belang ist, wie man als Erzieher selbst ist' (ebd.)." (Grimm 2017 S. 18f.)

Es versteht sich von selbst, dass mit dem von Steiner vermutlich explizit gewählten Begriff des „Mitleids" weder ein sich verstrickendes Mit-Leiden noch ein sich abgrenzendes Herabsehen gemeint ist, sondern das aktive Erzeugen eines Innenraums, in dem die Situation der so wahrgenommenen Person so objektiv wie möglich erfasst werden kann. Auf diesen Zusammenhang hat Steiner bereits 1904 hingewiesen: „Es kann nicht davon die Rede sein, dass der Mensch Sympathie und Antipathie ausrotten soll, sich stumpf gegenüber Sympathie und Antipathie machen soll … je mehr er in sich die Fähigkeit ausbildet, nicht alsogleich auf jede Sympathie und Antipathie ein Urteil, eine Handlung folgen zu lassen, eine um so feinere Empfindungsfähigkeit wird er in sich ausbilden." (Steiner, 2013, GA 9, S. 197) Es geht also nicht darum, Gefühle zu unterdrücken oder zu vermeiden, sondern, im Gegenteil, darum, diese so bewusst als möglich zu erleben. Ein solches, zum Beispiel durch die von Steiner (2018, GA 267, S. 57) beschriebene Nebenübung Gleichmut entwickeltes Bewusstsein ermöglicht mir, keine Urteile zu fällen ohne mir zuvor eine möglichst hohe Kenntnis der Bedingungen errungen zu haben, welche die Situation beeinflussen; zu diesen Bedingungen gehören unter anderem auch die eigenen Gefühle.

Bei der Entwicklung der Grundkompetenzen Wahrnehmung, Mit-Erleben und -Fühlen sowie Intuition geht es also um die Ausbildung einer feineren Empfindungsfähigkeit, insbesondere um ein bewusstes, unablässiges Schwingen zwischen Punkt und Kreis. Die Punkt-Kreis-Meditation kann, da sie die zugrundeliegende allgemeine Fähigkeit schult, von einer Welt in die andere zu gehen und damit deren Polarität immer wieder aufzulösen, hier eine zentrale Rolle spielen. Ein häufig teils verborgen bleibender Prozess ist dabei der Umgang mit der Kreuzungsbewegung zwischen Punkt und Kreis, in der das Gefühl lebt. Der von Grimm beschriebene „Akt der Nähe und Distanz" meint also nicht einen Raum, in dem keine eigenen Gefühle vorhanden sind, sondern einen, in dem ein höchst gesteigertes Bewusstsein eigener Gefühle lebt, die jedoch die Du-Wahrnehmung nicht bestimmen. Diese Wahrnehmungsqualität ist wegen der un- oder nur teilbewussten bzw. „träumenden" (Steiner) Qualität des Fühlens immer nur im gegenwärtigen Moment aktiv zu erzielen und muss immer wieder neu gegriffen werden. In Kapitel 7 werde ich mich mit den Bedingungen auseinandersetzen, unter denen eine Entwicklung dieses so inhärent wichtigen Kompetenzraums der Gefühlsregulation gelingen kann. Ich werde argumentieren, dass die Punkt-Kreis-Meditation diese Entwicklung schulen kann, dass sie ihr volles Potential in der Regel aber erst entfalten kann, wenn eine grundlegende Gefühlsregulation auch auf anderen Wegen ausgebildet wird.

Die Zielrichtung und die mögliche Wirkung der Punkt-Kreis-Meditation erschöpfen sich jedoch nicht in der Schulung der allgemeinen Kompetenzen von innerer Beweglichkeit, echtem Mitgefühl und zur Situation passender Intuition. Vielmehr kann das Bild von Punkt und Kreis und die dieses nachvollziehende Punkt-Kreis-Meditation „ganz konkret auch als ein diagnostisches Instrument verwendet werden" (Schmalenbach, 2001, S. 10). Denn im *Heilpädagogischen Kurs* geht es Steiner um den Bezug zwischen dem im 5. Vortrag dargestellten Punkt-Kreis-Motiv einer Metamorphose zwischen Kopf und Gliedmaßen und der im 10. Vortrag entwickelten Meditation; die Meditation dient der Wahrnehmung der Bewegungsrichtungen, der Kräfte und der Dynamiken zwischen Punkt und Kreis. Grimm beschreibt dementsprechend weiterhin, dass im Meditationsprozess zwischen Punkt und Kreis die von Steiner insbesondere im 3., 4. und 5. Vortrag beschriebenen zentrifugalen und zentripetalen Kräfte innerlich nachvollzogen werden, was ein echtes Mit-Empfinden der Situation eines anderen Menschen im Hinblick auf die Wirkung dieser Kräfte schult. Er sieht die Punkt-Kreis-Meditation unter Verweis auf Steiner (1995) als „innere Übung, mit der man sich in die umfassende Dynamik der Polaritäten einleben kann." (Grimm, 2017, S. 11) Dabei macht Grimm deutlich, dass theoretisches Wissen alleine, in einem Vortrag gehört oder in einem Buch angelesen, nicht zu dieser Form der Wahrnehmung führt: „Als theoretisches Wissen bleiben Erkenntnisprozesse für die Praxis allerdings wenig fruchtbar, wenn sie nicht mit einer inneren Erfahrung verbunden werden können. Je lebendiger sie innerlich nachgebildet werden können, umso fruchtbarer können sie für das Verständnis von Kindern in deren individuellen Konstitutionsprozessen werden. Sie können als Grundlage für diagnostisches Handeln in den Aufbau eines für das Verstehen des Kindes relevanten Bildes einfließen." (Grimm, 2005, S. 8)

Eine mögliche Kompetenzentwicklung durch die Praxis der Punkt-Kreis-Meditation bewegt sich also auf zwei Ebenen: Zum einen kann sie die Entwicklung allgemeiner Kompetenzen schulen; dabei geht es um eine möglichst genaue Wahrnehmung, eine auf dieser basierenden Einfühlung in die Wirklichkeit eines anderen Menschen und schließlich um intuitiv daraus abgeleitete passende Handlungen. Auf einer anderen Ebene geht es um die ganz konkrete Einfühlung in die leiblich-seelische Konstitution eines Menschen entsprechend der Darstellung zentripetaler und zentrifugaler Kräfte im 3., 4. und 5. Vortrag des *Heilpädagogischen Kurs*es.

Wie in der Einleitung dargestellt, stellte Steiner im *Heilpädagogischen Kurs* einen eindeutigen Bezug zwischen dem Punkt-Kreis-Motiv sowie der Punkt-Kreis-Meditation und der Situation des dort vorgestellten Kindes Willfried Immanuel Kunert und seiner Eltern, insbesondere seiner Mutter Theodora Kunert, her. In Kapitel 4 werde ich diese Situation zunächst anhand der vorliegenden Quellen darstellen, um den Leser:innen zunächst einen eigenen Blick zu ermöglichen. Im nachfolgenden Kapitel 5 wende ich mich dann der Analyse dieser Situation zu und werde begründen, warum ich ihr eine Schlüsselfunktion zuschreibe.

4. Eine Punkt-Kreis-Situation? Willfried Immanuel Kunert und seine Mutter Theodora Kunert

4.1 Willfried Immanuel Kunerts Lebensgeschichte

Wer sich mit der Lebensgeschichte von Willfried Immanuel Kunert auseinandersetzen will, hat fünf veröffentlichte Quellen zur Verfügung: Die Aussagen Steiners in den Vorträgen des *Heilpädagogischen Kurses* von 1924; eine Zusammenstellung der von Steiner verordneten Therapien durch die 1924 ebenfalls anwesende Arlesheimer Ärztin Hilma Walter (Walter, 1955); die von Willfrieds Mutter unter dem Titel *Aufbruch der Kinder 1924* Ende der 1960er Jahre verfasste Lebensgeschichte ihres Sohnes (Krück von Poturzyn, 1968)[8]; ein Kapitel aus Wilhelm Uhlenhoffs Recherche zu den Kindern des *Heilpädagogischen Kurses* aus dem Jahr 1994 (Uhlenhoff, 2007) sowie Peter Selgs Monographie aus dem Jahr 2006 (Selg, 2006). Außerdem gibt es die Ambulanzkarten aus dem Arlesheimer Klinisch-Therapeutischen Institut, auf deren Inhalt ich jedoch nur indirekt über Uhlenhoffs Recherche zugegriffen habe.

In meiner Darstellung versuche ich, mich auf die für meine spezielle Thematik nötigen Aspekte zu beschränken. Für ein umfassenderes Bild empfehle ich den Leser:innen die Lektüre der obengenannten Veröffentlichungen. Zunächst werde ich auf Grundlage der Quellen einige Eckdaten beschreiben, um mich in Abschnitt 4.2. dann der Darstellung von Willfrieds Mutter Theodora Kunert zuzuwenden, die sich im Wesentlichen auf den Zeitraum Ende Januar 1924, also dem Zeitpunkt ihrer Ankunft mit

8 Theodora Kunert hatte nach ihrer Heirat den Nachnamen ihres Mannes Krück von Poturzyn angenommen.

Willfried in Arlesheim, und dem 22. April 1924, also dem Tag ihrer Abreise aus Arlesheim ohne Willfried knapp drei Monate später, beziehen. Abschließend werde ich in Abschnitt 4.3 auf die Darstellung Steiners im *Heilpädagogischen Kurs* eingehen, die Anfang Juli 1924, also etwas mehr als zwei Monate nach dieser Abreise, erfolgte.

Willfried Immanuel Kunert wurde am 8. August 1923 in Osterburg geboren. Er war eines der Kinder, auf die Steiner während des *Heilpädagogischen Kurses* Bezug nahm. Bereits seinen Namen erhielt das Kind telegrafisch durch Steiner, denn die tief mit der Anthroposophie verbundenen Eltern waren „überzeugt (…), dass eine Individualität, die nach den Worten des Novalis als Geist stirbt, um als Mensch geboren zu werden, einen ganz bestimmten Namen mitbringe" Weiter schreibt Theodora Krück von Poturzyn: „Wahrscheinlich wurde dies in früheren Zeiten den Müttern eingegeben; ich wagte nicht, das Richtige zu treffen." So schrieb sie an Steiner, der den Namen dann mit den Worten „Herzliches Gedenken für Willfried Immanuel" aus England telegrafierte (Krück von Poturzyn, 1968; S. 12). Interessant ist bereits in diesem Moment ihr anscheinend grenzenlos großes Vertrauen in Steiner; darauf werde ich später zurückkommen.

Uhlenhoff fasst Schwangerschaft und Geburt wie folgt zusammen: „Die Mutter war während der Schwangerschaft immer gesund, fühlte sich in dieser Zeit sogar besonders wohl (vgl. Steiner, 1995, GA 317, S. 119). Sie musste sehr viel Schreibmaschine schreiben. Die Geburt am 8. August verlief normal. Das Kind wog 2750 Gramm. Es hatte die Nabelschnur zweimal um den Hals gewickelt, zeigte sonst keine Besonderheiten. Im Fruchtwasser war Kindspech (ein Hinweis auf intrauterinen Sauerstoffmangel?). Der Kopf war eher klein." (Uhlenhoff, 2007, S. 135) Nach ca. zwei Wochen bekam Willfried einen Krampf, es folgten Monate, in denen der Kopf nach und nach an Umfang zunahm – so lange, bis die Eltern „eines Dezemberabends" (Krück von Poturzyn, 1968; S. 19) schließlich einen Arzt riefen. Nach der Diagnose Hydrozephalus wurde, wie damals üblich, zur Punktion und zum Balkenstich[9] bei einem Spezialisten in Leipzig geraten. Dass dies sehr gefährlich war und nur vorübergehend Erleichterung verschaffen würde, war bekannt, jedoch sahen die Ärzte keine andere Möglichkeit. Zwar war die Therapie der bereits 500 Jahre vor Christus erstmals beschriebenen Erkrankung seit den 1880er Jahren erheblich vorangeschritten (Demerdash et al., 2016), jedoch gab es zum damaligen Zeitpunkt noch nicht die erst in den 1960er Jahren entwickelte Möglichkeit der ventrilgeregelten Wasserableitung (Arbeitsbereich Pädiatrische Neurochirurgie, 2024). Das Misstrauen von Willfrieds Eltern gegenüber den herkömmlichen damaligen medizinischen Methoden war also nicht ohne Grund und es ist sehr gut nachvollziehbar, dass sie sich in ihrer großen Not entschieden, statt der empfohlenen Eingriffe zunächst Steiner zu Rate zu ziehen, zu dem sie großes Vertrauen hatten.

Eindrücklich beschreibt Theodora Kunert diesen Entscheidungsmoment in ihren Aufzeichnungen: „Nur die nächsten Freunde wussten von unserer Sorge, jeder nannte einen anderen Arzt, der Rat wissen sollte. Mir aber war ganz klargeworden: die großen Wissenden waren zu allen Zeiten die großen Heilenden, nur Steiner konnte Bescheid wissen. Er hatte dem Kleinen den Namen gegeben, kein anderer sollte ihn berühren.“ (Krück von Poturzyn, 1968; S. 20) Den sich in dieser Situation entwickelnden Briefverkehr von Theodora Kunert mit Elisabeth Vreede, der Patin von Willfried, sowie von Ernst Kunert mit Ita Wegman hat Peter Selg dargestellt (Selg, 2006, S. 27 ff.). Aus diesem ergibt sich ein berührendes Bild der herausfordernden Lebenssituation der Familie, die in ihrer großen Sorge um ihr gerade erst geborenes Kind große Strapazen auf sich nahm, um den Rat Steiners, dem sie sehr vertrauten, zu erhalten. Die Familie lebte durch die Inflation in

9 Balkenstich bezeichnete das operative Durchstechen des Corpus Callosum (Balken) im Gehirn. Es handelt sich um eine frühe Form der Ventrikeldrainage, die 1913 von Fritz Gustav von Bramann entwickelt wurde (Kumbier et al., 2005)

äußerst bescheidenen Verhältnissen, Theodora Kunert häkelte für 30 Rentenmark eine Decke und fuhr Ende Januar 1924 mit einer Fahrkarte 3. Klasse nach Dornach. Dort stellte Steiner am 4. Februar 1924 folgende Diagnose: „Es liegt vor ein überempfindliches Sinnessystem, so dass fortwirkt ein Zustand wie die mütterliche Umgebung während der Schwangerschaft. Und versprechen kann ich mir nur etwas, wenn er abgeschlossen wird im absolut finsteren Zimmer und bei absoluter Ruhe ringsherum. Von Medikamenten kann höchstens wirken, wenn man das ganze Konglomerat von Kieselsäure, Tonschiefer und Orthoklas als D 6 beibringen kann. – Vom Punktieren verspreche ich mir gar nichts, das hilft sicher nichts. Kieselsäure muss man ihm geben, dass er die Kieselsäure, die er selber aus der Atmosphäre aufnimmt, zurückweist. Von einem gewöhnlichen Hydrozephalus ist nicht die Rede. (…) Blöd braucht er nicht zu werden; nur ist es so stark, dass man nicht weiß, ob er das Leben erhält." (Walter, 1955, S. 40). Was genau Steiner hier mit seiner Aussage, von einem gewöhnlichen Hydrozephalus sei nicht die Rede, meint, ist unklar. Für denkbar halte ich, dass er dies im Hinblick auf die von ihm vermutete karmische Ursache (Steiner, 1995, GA 317, S. 122) äußerte, auf die ich später zurückkommen werde.

Theodora Kunert blieb mit Willfried in Dornach, und in den folgenden Monaten bis Ende April wurden verschiedene anthroposophische Medikationen verordnet. Am 4. März 1924 wurde laut Uhlenhoff außerdem das Abstillen und dafür die „Gabe von Nektarien" (vgl. Steiner, 1995, GA 317, S. 136) verordnet. Willfried war jetzt knapp sieben Monate alt. Seine Mutter beschreibt die Situation des Abstillens am 9. März 1924 (Krück von Poturzyn, 1968, S. 41).

Für den 7. März 1924 erwähnt Uhlenhoff die Notiz: „Wiedervorstellung, nachdem es dem Kind schlechter ging. Gespräch mit der Mutter über ihr eigenes Befinden, wobei Steiner den Verdacht hatte, es könne sein, dass die Gebärmutter sich nicht zurückgebildet habe, was aber bei einer Untersuchung durch Ita Wegman nicht bestätigt werden konnte." (Uhlenhoff, 2007, S. 138). Auch diese

Situation beschreibt Theodora Kunert in ihren Aufzeichnungen selbst.

Am 17. März 1924, also zehn Tage später, verordnete Steiner dennoch: „Die Kur ist richtig. Geben Sie keine Muttermilch mehr. Die Gebärmutter ist bei der Mutter geschrumpft. Ich kann nur denken, dass die Mutter das Kind mit großer Wollust[10] getragen hat. Es besteht eine große Verbindung. Wenn die Mutter das Kind angreift, kommt das Kind ganz in Feuer." (Walter, 1955, S. 40) Auf diese Diskrepanz zwischen der Diagnose Ita Wegmans und den Annahmen Steiners komme ich später zurück.

Willfrieds Kopf wuchs weiter an auf über 58 cm, und für den 22. April berichtet Uhlenhoff: „Aus Einsicht, dass es aus dem angegebenen Grund (eine zu starke Verbindung zwischen Mutter und Kind) für ihr Kind vielleicht besser sei, reiste die Mutter schweren Herzens ab." (Uhlenhoff, 2007, S. 138) Willfried wurde nun stationär im Klinisch-Therapeutischen Institut Arlesheim betreut. Ohne dass es zu einem weiteren Kontakt mit seiner Mutter Theodora gekommen wäre, verstarb Willfried am 30. November 1925, also mit ca. zweieinviertel Jahren, in Arlesheim.

4.2 Die Stimme von Theodora Krück von Poturzyn

Peter Selg hat in seiner Monographie zu Willfried auf der Grundlage der Beschreibung von Willfrieds Mutter (Krück von Poturzyn, 1968) sowie weiterer unveröffentlichter Quellen (Selg, 2006, S. 11) auch die Biographie seiner Eltern recherchiert. Hier sind die Stimmen von Willfrieds Eltern Ernst und Theodora Kunert immer wieder zu „hören", und ohne diese Grundlage ist eine Lektüre der Aussagen Steiners im *Heilpädagogischen Kurs* oder der Zusammen-

10 Diese Aussage müsste eigentlich an sich kritisch analysiert werden, weil sie im Gesamtkontext damals bestehender Vorstellungen über Frau- und Mutter-Sein steht; dies ist jedoch nicht eigentlicher Gegenstand dieses Textes und würde dessen Rahmen deutlich sprengen, daher muss dieser Hinweis genügen.

fassung durch Wilhelm Uhlenhoff zur Situation Willfrieds letztlich nicht zu erfassen. Denn insbesondere die Erlebnisse und Interpretationen von Willfrieds Mutter sind, wie ich zeigen werde, in diesem Zusammenhang für das Gesamtbild durchaus bedeutsam.

Wie Selg (2006, S. 9) berichtet, beschrieb Theodora Kunert mehr als vier Jahrzehnte nach Willfrieds Tod, zeitweise unterbrochen von ihrer schweren Leukämie-Erkrankung, in den Jahren 1967 und 1968 die Lebensgeschichte ihres Sohnes und vollendete ihre Aufzeichnungen zwei Tage vor ihrem Tod am 7. Januar 1968. Die Autorin (mittlerweile Theodora Krück von Poturzyn) nannte ihr Büchlein *Aufbruch der Kinder 1924*; es wurde 1968 im Verlag Freies Geistesleben veröffentlicht (Krück von Poturzyn, 1968).

Theodora Krück von Poturzyn schildert in ihren Aufzeichnungen beeindruckend lebendig die Lebensumstände der Familie in den Jahren der Schwangerschaft, Geburt und des kurzen Lebens von Willfried. Eingangs geht sie über einige Seiten auf die damalige Situation der Schriftstellerin Pearl S. Buck ein, die eine Tochter mit Phenylketonurie hatte und Anfang der 1920er Jahre verzweifelt versuchte, eine Therapie zu finden. Sie beendet diesen Abschnitt mit den Worten: „In der gleichen Zeit, als Pearl S. Buck verzweifelt von einem Arzt zum anderen fuhr, und ehe der Welt die Sorge bewusst wurde, dass die Zahl der anormalen Kinder im Steigen begriffen ist, hatte sich in Europa etwas ereignet. Drei junge Menschen, alle noch nicht 30 Jahre alt, traten an Steiner heran mit der Frage, wie die Erziehung von Hilfsschülern gestaltet werden könne, und was es überhaupt auf sich habe mit pathologischen und schwachsinnigen Kindern." (Krück von Poturzyn, 1968, S. 11) Später nimmt sie nochmals Bezug auf Pearl S. Buck: „Nun hatten nicht nur jene Heime, sondern auch jene Kinder einen Namen erhalten, die von Pearl S. Buck in Wahrheit nicht zutreffend genannt werden ‚die niemals heranwachsen' – ‚who never grow up'. In jenem Jahr 1924 irrte sie mit ihrer Carol auf der anderen Seite des Ozeans von Klinik zu Klinik, um schließlich nach China zurückzufahren und neuerdings nach den Staaten zu kommen. Diese Schmerzensgänge sind jenen Müttern erspart geblieben, die, von den verschiedensten Schicksalen geführt, sich zur gleichen Zeit im Umkreis Steiners einfanden." (Krück von Poturzyn, 1968, S.26) Der tiefe Bezug Theodora Krück von Poturzyns (damals Theodora Kunert) zu Steiner wird so gleich zu Beginn ihrer Darstellung sichtbar – ebenso wie auch ihre Überzeugung eines tieferen Sinns im Schicksal von Kindern mit Behinderungen. Sie schreibt von sich: „Es hat kaum eine Zeit in meinem bewussten Leben gegeben, in der ich nicht überzeugt war, dass wir Menschen mehr als einmal auf der Erde leben … Aber leichthin glauben und daraufhin bis ins Innerste geprüft werden, sind zweierlei Dinge." (Krück von Poturzyn, 1968, S. 27) Dieser Satz ist ein Hinweis darauf, dass Theodora Kunert das Schicksal ihres Sohnes wohl auch vor dem Hintergrund des Reinkarnationsgedankens verstand.

Im Folgenden werde ich nur am Rande auf die damalige Gesamtsituation der Familie Ernst und Theodora Kunert eingehen. Diese ist eindrücklich von Theodora Krück von Poturzyn selbst sowie unter Hinzuziehung weiterer Quellen von Peter Selg beschrieben worden. Aus beiden Darstellungen geht für mich hervor, dass die Begleitung durch Steiner, Ita Wegman und Elisabeth Vreede (Arlesheimer Ärztin und, wie bereits erwähnt, Patin von Willfried) der Familie eine große innere Sicherheit schuf. Beispielhaft dafür eine kurze Passage aus Theodora Krück von Poturzyns Buch zur Ankunft in der Schweiz Ende Januar 1924: „Am Baseler Bahnhof erwartete uns Dr. Elisabeth Vreede mit einem hellen, geistsicheren Lächeln. Sie blickte nur kurz auf ihren Patensohn in meinem Arm. ‚Ja, man sieht es', sagte sie, es ist gut, dass Sie kommen.' Jetzt konnte ich plötzlich wieder atmen." (Krück von Poturzyn, 1968, S. 22) Durch die Unterkunft für Mutter und Kind in Haus Vreede wird auch ein sicherer äußerer Ort geschaffen, der für die durch den Ersten Weltkrieg und die damalige Inflation zeitweise fast heimatlose Familie eine Art sicheren Hafen darstellt: „Dazu kam, dass ich mir nach dem grauen, gedrückten, versorgten Leipzig vorkam wie auf einem anderen Planeten. Mitten in freien

Wiesen stand das gastliche Haus Vreede, wir hatten darin ein sonniges Zimmer, von dem man zu den Hügeln hinaufsah, nichts Überflüssiges stand in dem Raum, und was man brauchte, war nach neuen Formen gestaltet." (Krück von Poturzyn, 1968, S. 30) Auch in der Begegnung mit Ita Wegman gleich am Tag nach ihrer Ankunft (Selg, 2006, S. 39) erlebt Willfrieds Mutter Geborgenheit und Schutz: „Ich kannte Frau Dr. Wegman nur vom Sehen, und sie kannte mich gar nicht, aber sie begrüßte mich wie eine Freundin mit einer ganz eigenartigen Mischung von beschützender Mütterlichkeit und mädchenhafter Frische. Meinen Sohn betrachtete sie, als sei er ihr Kind." Ita Wegman kann jedoch „auch nicht mehr sagen als die anderen Ärzte … Hier wird Dr. Steiner raten müssen." (Krück von Poturzyn, 1968, S. 29f.)

Eindrücklich schildert Theodora Krück von Poturzyn dann die erste Begegnung mit Steiner, der sich trotz seiner vielen Aufgaben sehr schnell Zeit nimmt. Nach der ersten Untersuchung – „es war eine Konzentration im Raum, dass ich kaum zu atmen wagte" (Krück von Poturzyn, 1968, S. 31) – fragt Steiner sie explizit, ob sie sich „von dem, was der Arzt uns gesagt hatte, etwas verspräche? Ob (sie) bereit sei, die Behandlung mitzumachen, die man hier einleiten würde?" (Krück von Poturzyn, 1968, S. 31f.) Theodora Kunert bringt Steiner ein so hohes Vertrauen entgegen, „dass da für mich keine Frage existierte." (Krück von Poturzyn, 1968, S. 32) Im Folgenden beschreibt sie ihre Wahrnehmung, wie Steiner zu seiner Diagnose, die er aber in diesem Moment nicht benennt, findet: „‚Die Krankheit liegt ganz offen – ich sehe klar, was ihm fehlt'. Dass er es sah, das fühlte ich, es stand in seinem Blick, es lag in seiner Stimme, es war so greifbar im Raum, dass ich meinte, ich müsse es durch seine Kraft ebenfalls sehen können. Eine wunderbare Ruhe glättete mich … Das Schicksal meines Sohnes war aufgenommen in eine Fürsorge, die weiter herkam und weit hinausreichte über das Jetzt und Hier. Zwischen diesem großen Menschen, dessen eigentliches Wesen ich nur ahnte, und diesem kleinen Menschen, der jetzt mein Sohn hieß, spann sich ein geheimnisvoller Faden. In der lautlosen Stille … war mir, als sei ich Zeuge von etwas, dessen ich eigentlich nicht würdig war." Steiner aber bleibt verhalten: „‚Wir werden tun, was getan werden kann, aber bestimmte Versprechungen können wir Ihnen keine machen. Die Krankheit kommt gar nicht oft vor, und es kommen hier Heilfaktoren in Betracht, die an einem Kind noch nicht beobachtet worden sind'." (Krück von Poturzyn, 1968, S. 32)

Nun kommt es zur Umsetzung der auf Steiners Diagnose beruhenden Therapie. Theodora Krück von Poturzyn schildert, was dies für sie bedeutet, indem sie nochmals ihre Lebens- und Arbeitssituation in Leipzig beschreibt: „In Leipzig vorher war eine kleine Hölle gewesen: die mühsam errungene Stellung meines Mannes gekündigt, und ich an der Schreibmaschine, von morgens bis abends ein ganzes Handelsgesetzbuch tippend … ‚Sei still', sagte ich zu dem Kind in mir, ‚ich schütze dich, zwischen dir und der bösen Welt bin ich.' – Dieser Alp war vorbei: Ich konnte Willfried an sonnige Fenster stellen, konnte täglich sein weißes Wägelchen über die Wiesen an den Waldrand fahren." (Krück von Poturzyn, 1968, S. 34) In dieser Situation erfährt sie nun durch eine Assistenzärztin die empfohlene Behandlung. Ihrem Mann schreibt sie kurz darauf: „Eben habe ich meinem Kleinen im Dachzimmer an der schiefen Wand mit einem Wandschirm und dunklen Tüchern einen Verschlag gemacht – ach, es war mir, als grabe ich ihm das Grab … Wie ich den Kleinen eben vom unteren Stock herauftrag, da lachte er so dankbar – ich aber musste ihn, ohne mit ihm zu reden, in die dunkle Ecke legen – da fing er so jämmerlich zu weinen an …" (Krück von Poturzyn, 1968, S. 34). Ita Wegman ist wohl bewusst gewesen, welch radikale Behandlung hier versucht werden sollte, und was das für Mutter und Kind bedeuten würde, denn sie fragt Theodora Kunert erneut, ob sie und ihr Mann Ernst Kunert „an Dr. Steiner und seiner Meinung festhalten wolle … und ob wir nicht allenfalls sagen werden, es wäre anders besser gegangen." (Krück von Poturzyn, 1968, S. 34 f.) Die Entscheidung jedoch ist getroffen, denn die von den anderen Ärzten empfohlene Behandlung ist ihnen keine Alternative: „Es erscheint dies wie ein Begraben am lebendigen Leib und ist selbstverständlich ein Experiment bei einem Kind – aber Balkenstich wäre mehr noch als Experiment – Lumbalpunktion Quälerei und beides ‚dumm' …" (Krück von Poturzyn, 1968, S. 35).

Obwohl Theodora Kunert sich also sehr bewusst macht, dass sie sich und ihr Kind in eine völlig unerprobte Situation bringt, ist die von Steiner empfohlene Behandlung ihre einzige Hoffnung. So ist sie bereit, auch die damit verbundene seelische Belastung auf sich zu nehmen und schreibt ihrem Mann: „Du kannst versichert sein, dass ich das Menschenmögliche tue, um Dr. Steiners Vorschriften für unseren Kleinen zu befolgen. Ich habe heut' den ganzen Vormittag umgestellt, weil er so noch lichtsicherer liegt. Und wenn ich im Zimmer bin, schleiche ich, soviel ich kann, ich krieche unters Federbett zum Schneuzen und wende die Buchblätter ganz langsam. Ich spreche kein Wort mit unserem Kleinen, auch nicht, wenn ich ihn wickle, ich reize ihn nicht zum Lachen, ich gebe ihm nur abends einen leisen Kuss und vielleicht einmal unter Tags. Ich will alles, alles tun für unser Kind, das kannst Du versichert sein. Ich nehme mich zusammen, soweit ich kann, nur manchmal fallen mir die Tränen herunter, wenn ich ihm in dem dunklen Verschlag zu trinken gebe und auf sein seltener werdendes Lachen nicht reagieren darf." (Krück von Poturzyn, 1968; S. 37)

Es folgt eine Zeit mit Hoffen und Bangen, die guten und die schlimmen Momente geben sich die Klinke in die Hand, und nachdem es Willfried Anfang März 1924 einige Tage deutlich schlechter geht, erfolgen weitere Konsultationen bei Steiner. Theodora Krück von Poturzyn schildert in diesem Zusammenhang wörtlich einen Austausch, an dessen Ende Steiner verordnet: „Um dem Kinde zu helfen, müssen wir versuchen, es künstlich zu ernähren – und das sofort. Ich habe gute Hoffnung, dass das Kind gedeiht, sobald es künstlich ernährt wird." (Krück von Poturzyn, 1968; S. 39 f.)

Ich werde diesen Dialog in Kapitel 5 so wiedergeben, wie Theodora Krück von Poturzyn ihn aufgeschrieben hat, und ihn dann einer kritischen Analyse unterziehen. Theodora Krück von Poturzyn gibt selbst kein genaues Datum für dieses Gespräch an. Uhlenhoff (2007, S. 138) nennt den 7. März 1924. Am 9. März schreibt Theodora Kunert ihrem Mann: „Gestern war ich nochmal in der Klinik, um von Frau Dr. Wegman Näheres zu hören. Also die Sache scheint so zu liegen: ich habe die Schuld, wenn auch die unbewusste, karmische, an Willfried; ich bin immer noch so mit ihm verbunden, als ob ich noch mit ihm schwanger wäre – und ich habe ihn in all den sieben Monaten seit seiner Geburt aufgebaut mit meinem Ätherleib. Daher ist er eigentlich noch kein Erdenwesen, sondern ein kosmisches Wesen, ein Embryo. Daher sein sonderbares Wachstum. Es liegen ‚komplizierte karmische Verhältnisse' vor. Ich betrachte ihn, unbewusst, nicht als selbständiges Wesen, sondern als Embryo, immer noch in meinem Leib befindlich. Und er hat das gern, ihm behagt das, und er saugt meine Ätherkräfte aus und baut sich damit auf. Die Ätherkräfte gehen hauptsächlich durch meine Milch über auf ihn. Daher muss ich ihn sofort abstillen und in meinem Bewusstsein versuchen, die Trennung zu vollführen. Sonst wird er sich weiter abnorm entwickeln, und ich werde in meinen Ätherkräften unterhöhlt. Es ist allen ein Rätsel, wie ich das machen konnte. Ich habe es natürlich nur ausgehalten, weil es unbewusst war. Seit gestern, seit ich weiß, was ich getan habe, bin ich körperlich sehr herunter, zudem große Beschwerden mit der gestauten Milch, aber das wird sich geben. Willfried wird, denke ich mir, jetzt erst seinen eigenen Ätherleib anspannen müssen und deshalb vielleicht Schwierigkeiten haben, aber es scheinen mir jetzt gute Heilungsaussichten da zu sein. Er ist sehr fröhlich seit gestern und trinkt brav aus der Flasche." (Krück von Poturzyn, 1968; S. 41 f.)

Am selben Tag schreibt auch Ernst Kunert an seine Frau und bezieht sich darin ebenfalls auf diese Interpretation; woher er sie erfahren und wie weit er sie selbst gezogen hat, ist unklar; wichtiger ist jedoch, dass er sich ihr anschließt: „Ich habe es gefühlt …, dass in Dir etwas nicht stimmte, und demgegenüber habe ich nur das

Gefühl der Liebe, einer unendlichen Liebe für Dich und Willfriedchen gehabt. Das wirst Du mir bestätigen, dass auch dem lieben Kleinen meine ganze Liebe galt, – und auch der stille, innerliche, namenlose Schmerz um ihn und die Sorge über ein dunkles Verhängnis. Ich schaue nicht ganz durch, nur ahnend fühle ich es lange. Ob es sich bei Dir körperlich ausdrückt, weiß ich nicht. Aber etwas von Dir wirkt zu stark zu Willfriedchen. Es scheint ätherischer Natur zu sein, durch die Muttermilch hindurch. Ich will nichts Falsches sagen, sondern erst genau darüber nachdenken." (Selg, 2006, S. 49 f.)

Theodora Kunerts berechtigte Frage nach der Gefahr einer Rachitis für das Baby wird mit dem Hinweis, man werde Gegenmaßnahmen treffen, von einer Ärztin zurückgewiesen (Krück von Poturzyn, 1968, S. 34). Theodora Kunert setzt Steiners Anweisung, ihr Kind solle die meiste Zeit „im Stillen und Finstern" (Steiner, 1995, GA 317, S. 135) liegen, akribisch um. In dieser Situation fragt sie sich nun auch, ob es besser wäre, eine völlige räumliche Trennung von ihrem Sohn herzustellen. An ihren Mann schreibt sie am 10. März 1924: „Ich habe Frau Dr. Wegman erzählt, dass ich damals im August zu Dir sagte: ‚Mein Leben ist zu Ende, meine Aufgabe erfüllt', was sie sehr interessierte – ich fragte auch, ob es besser wäre, ich wäre von dem Kind räumlich getrennt, da meinte sie, das sei nicht gerade notwendig, doch zu überlegen, wenn es räumlich möglich wäre." (Krück von Poturzyn, 1968; S. 42) Am nächsten Tag schreibt sie ihrem Mann, sie habe mit ihrem Lebenswillen gerungen, aber „nun, seit Freitag, da mir gesagt ward, wie alles zusammenhängt, fängt alles an, besser zu werden." (Krück von Poturzyn, 1968; S. 42) Auch die Hoffnung setzt wieder ein: „Willfried ist so ziemlich ganz abgestillt, er ist seit Freitag plötzlich wieder sehr mobil, lacht viel, lutscht und ist beweglich." (Krück von Poturzyn, 1968; S. 42)

Daneben hat Theodora Kunert aber weiterhin – und in Anbetracht der ihr mitgeteilten Diagnose nicht überraschend – schwere Schuldgefühle: „Morgen darf ich vom Dr. eine Meditation holen, jedenfalls wird das auch sehr helfen, denn die Hauptsache ist, dass ich ins Bewusstsein bekomme, was ich getan habe. Noch bin ich blind und fasse es nicht, und das ist wohl gut so, denn ich könnte auf einmal die Ungeheuerlichkeit des eigenen Tuns schwerlich ertragen …“ (Krück von Poturzyn, 1968; S. 42) In dieser Passage beschreibt sie auch ausführlich, wie schlecht es ihr in den vorangegangenen Wochen ging, beschreibt Scham über ihren Zustand und interpretiert diesen dann ebenfalls als Folge ihres eigenen (unbewussten) Verhaltens: „Es war und ist ein schweres Schicksal mit Willfried – aber wir müssen durch. Es ist wahrscheinlich eine enge Verbundenheit zwischen ihm und mir vorhanden, eine egoistische Liebe wohl, und ich musste deshalb kämpfen und leiden und opfern. Vielleicht sagt der Dr. später etwas darüber. Es werden gewiss wieder Sonnentage kommen, ich war doch so jung und stark – war ich es nicht? Ich habe frevelhaft meine Kräfte gebraucht – aber ich wusste es doch nicht! Und ich zahle es ja so schwer – es geht natürlich eine Krise innerer Entwicklung parallel, dunkel ist nur noch Grund und Ziel – mir scheint nur, dass eine neue Phase meines Lebens beginnt, in der sich noch viel fester der Ring schließt: das Leben mit Dir und der Hintergrund der Anthroposophie.“ (Krück von Poturzyn, 1968; S. 43)

Am 11. März 1924 fragt Theodora Kunert Steiner, ob er eine räumliche Trennung anrate: „Ich komme eben vom Doktor im Atelier. Mir schien, dass ich endlich erraten habe, es wäre besser, Willfried und ich würden uns auch räumlich trennen. ‚Ich habe daran gedacht‘, sagte er ganz ernst, ‚ich habe daran gedacht – aber es wird Ihnen zu schwer fallen …‘ – ‚Das spielt keine Rolle, wenn es für Willfried besser ist‘ – er wolle mit Frau Dr. Wegman reden, sagte er, denn sie sei ja Leiterin der Klinik. ‚Ich habe Hoffnung, ich habe Hoffnung – aber ich möchte den Jungen in der Nähe halten, bis man sagen kann, er wird sich normal entwickeln‘.“ (Krück von Poturzyn, 1968; S. 43 f.) Das Gespräch, in ihren Aufzeichnungen noch ausführlicher beschrieben, hat Theodora Kunert in intensiv guter Erinnerung: „Dann weiß ich nur noch, dass ich den

Dornacher Hügel heruntersprang, mit Flügeln am Körper und dem Gefühl im Herzen, dass mir im Grunde nie mehr, nie mehr etwas geschehen könne." (Krück von Poturzyn, 1968; S. 44)

Zwar werden Theodora Kunerts Schuldgefühle etwas erleichtert, als sie in einem weiteren Gespräch am 16. März 1924 mit Steiner erfährt, „er habe nicht gesagt, dass Willfried nur mit mir verbunden sei, sondern dass er noch mit den ganzen Schwangerschaftszuständen verbunden sei. Damit waren die Dinge, wenigstens für mein ringendes Bewusstsein, auf eine objektive Ebene gerückt. Dr. Wegman untersuchte mich, aber körperlich war alles in Ordnung." (Krück von Poturzyn, 1968; S. 45) Trotz dieser scheinbaren Relativierung hat Steiner weiterhin den Verdacht, auch die Gebärmutter von Willfrieds Mutter habe sich nach der Schwangerschaft nicht zurückgebildet, was sich aber als falsch herausstellte. Allerdings: Selbst diese dann eindeutig durch Ita Wegmann festgestellte Tatsache ändert nichts an Steiners Befund einer angeblich zu großen Nähe zwischen Mutter und Kind, bedingt durch ein „abnormes Seelenleben" Theodora Kunerts und einen karmischen Hintergrund. Hilma Walter notiert für den 17. März 1924 die bereits oben wiedergegebene Aussage, Theodora Kunert habe „das Kind mit großer Wollust getragen" und wenn sie es angreife, komme das Kind „ganz in Feuer" (Walter, 1955, S. 40). Es ist unklar, was Steiner mit diesen Aussagen genau meinte. Ich persönlich frage mich, warum eine Mutter nicht große Freude daran haben soll, schwanger zu sein, und die Aussage zur angeblichen Wirkung einer Berührung ihres Kindes scheint mir vor dem Hintergrund der unbestreitbaren und auch von Steiner selbst in Zusammenhang mit dem Tastsinn dargestellten Bedeutung von Berührung für die leibliche, seelische und geistige Entwicklung mindestens befremdlich. Ich will damit selbstverständlich nicht ausschließen, dass ein Baby unter bestimmten Umständen Berührung auch als unangenehm erleben kann – eine eventuelle Reaktion jedoch intrinsisch der Mutter des Kindes zuzuschreiben, wie hier anscheinend geschehen, ist ausgesprochen problematisch.

Deutlich ist auch, wie ein solches Bild auf Theodora Kunert gewirkt haben könnte, wenn es ihr zugetragen worden wäre. Ob sie davon gehört hat oder nicht – jedenfalls steht ihr Entschluss fest, sich von ihrem Sohn räumlich zu trennen und ihn in der Obhut der von ihr als sehr gut erlebten Fürsorge der Menschen in Arlesheim und Dornach zu lassen. Uhlenhoff datiert dies auf den 22. April 1924. Am Ende ihres Lebens schreibt Theodora Krück von Poturzyn, im Zusammenhang mit dem Thema Reinkarnation: „Auch mein Sohn hat, obwohl er nicht älter wurde als zweieinviertel Jahre, seine Aufgabe geleistet, nicht nur für sich selbst." (Krück von Poturzyn, 1968, S. 28) Trotz des großen Leids, das sie und ihr Sohn durchgemacht haben, gelingt es ihr, einen Sinn darin zu finden, worauf auch der Titel ihrer Aufzeichnungen, *Aufbruch der Kinder 1924,* verweist.

Wenn ich an dieser Stelle einen Moment innehalte und versuche wahrzunehmen, wie die Stimme von Theodora Kunert auf mich wirkt und dann auf dieser Basis versuche, mich in ihre innere Situation einzufühlen, dann finde ich zwei Erlebens-Ebenen bezüglich ihrer Zeit in Arlesheim: Ich habe den Eindruck, sie fühlte sich aufgehoben, geführt, begleitet, von ihr sehr zugewandten Menschen, denen sie fraglos vertraute. Und ich habe den Eindruck, sie fühlte sich entsetzlich schuldig gegenüber ihrem Kind. Auf beides werde ich im Verlauf meiner Analyse zurückkommen. Zunächst ist jedoch eine gründlichere Betrachtung der Diagnose und Therapieverordnungen Steiners, und insbesondere seine Darstellung dazu im 8. Vortrag des *Heilpädagogischen Kurs*es am 3. Juli 1924 nötig, die also etwas mehr als zwei Monate nach der Abreise Theodora Kunerts aus Arlesheim erfolgte.

4.3 Steiners Diagnose der Situation von Willfried Immanuel und Theodora Kunert

Steiner beschrieb Willfried im 8. Vortrag des *Heilpädagogischen Kurses* zunächst im Hinblick auf seinen innerhalb weniger Monate um 20 Zentimeter gewachsenen Kopfumfang sowie die allgemeine Entwicklung: „Der Kopf … hat jetzt einen Umfang von 64 Zentimeter, als wir ihn bekommen haben, hatte er 44 Zentimeter … Das Kind hat im Übrigen den Körper nicht unnormal entwickelt, es ist durchaus so, wie ein anderes Kind. Es greift die Dinge an, hat sehr guten Appetit und ist eigentlich – mit Ausnahme einer Krisis – absolut munter." (Steiner, 1995, GA 317, S. 118). Außerdem erwähnt er, man könne zwar empfinden, dass Willfried „mit den Augen wahrnimmt; es ist aber eben nur ein ganz allgemeiner Lichteindruck, kein präziser Lichteindruck." (Steiner, 1995, GA 317, S. 119) Es bleibt in den Aufzeichnungen des *Heilpädagogischen Kurses* unklar, woher Steiner das zu wissen glaubt.

Nach dieser Beschreibung geht Steiner zu seiner Diagnose über: „Wenn Sie sich das ganze Kind anschauen und vergleichen es mit einer Embryonalbildung, dann werden Sie gar nichts anderes haben als ein Riesenembryo, so dass Sie unmittelbar daran sehen: das Kind ist im Embryonalstadium geblieben und hat die Wachstumsgesetze des Embryonalstadiums beibehalten und setzt sie im Postembryonalzustand fort. Dass wir bis jetzt noch keine Verkleinerung haben erreichen können, das ist darauf zurückzuführen, dass die Dinge außerordentlich stark von innen her sind. Ich hoffe noch durchaus, dass wir in der Lage sein werden, wenn ein bestimmter Punkt überschritten ist, die Harmonisierung des Kopfes bis zu einem bestimmten Grad durchzuführen. – Er ist sonst ein fideler Junge." (Steiner, 1995, GA 317, S. 119) Steiner ist also trotz des immensen Zuwachses des Kopfumfanges und trotz seiner bei der ersten Konsultation Anfang Februar äußerst zurückhaltenden therapeutischen Prognose (siehe oben) zu diesem Zeitpunkt überzeugt, dass seine Therapie anschlagen könne.

Im Folgenden macht er die Anwesenden besonders auf seine Wahrnehmung der Beziehung von Theodora Kunert zu ihrem Sohn aufmerksam: „Das Kind wurde normal geboren. Die Mutter war während der Schwangerschaft immer gesund – die Dinge bitte ich Sie so zu betrachten, dass sie nachher ihre Interpretation finden müssen –, fühlte sich besonders wohl, auf diese Bemerkung bitte ich Sie, besonders Wert zu legen, sie schrieb in dieser Zeit sehr viel Schreibmaschine. Das Kind zeigte bei der Geburt nichts Absonderliches. Also halten Sie fest, dass das Kind bei der Geburt, unmittelbar nachdem es aus dem Embryonalzustand entlassen war, nichts Sonderliches zeigte, weil der Embryonalzustand dauernd normal war." (Steiner, 1995, GA 317, S. 119) Steiner weist jetzt darauf hin, dass Willfried nach der Geburt blau angelaufen sei und vierzehn Tage nach der Geburt auch Krämpfe gehabt habe. Die Ursache sieht Steiner darin, dass Ich-Organisation und Astralleib nicht in den ätherischen und physischen Leib eintauchen können, wenn der Astralleib „zu stark konfiguriert" sei.

Anschließend beschreibt Steiner die für die Eltern zunächst nicht besonders auffällige Entwicklung Willfrieds in den ersten Lebensmonaten. „Das spätere Missverhältnis zwischen Kopf und Gliedmaßen" (Steiner, 1995, GA 317, S. 120) sei nicht bemerkt worden und Willfried sei mit Muttermilch ernährt worden. In diesem Zusammenhang erwähnt er noch, der Kopf sei bei der Geburt auffallend klein gewesen, „was bezeugt, dass die Dinge nicht so sehr gesucht werden dürfen in einer Schwäche der Nerven-Sinnes-Organisation" (Steiner, 1995, GA 317, S. 120). Auf diese Bemerkung komme ich in Kapitel 4.4 zurück. Steiner betont dann, es gehe darum, „über einen solchen Fall aus dem Vorliegenden, wo natürlich das Allerwichtigste die unmittelbare Anschauung, auch die Anschauung des Geistigen ist, eben eine Anschauung des Geistigen zu gewinnen." (Steiner, 1995, GA 317, S. 120)

In der sich anschließenden weiteren Diagnostik stellt Steiner dann dar, dass Willfried „einen astralischen Leib an sich trägt – die Mutter war dazumal auch da –, der ganz deutlich mit einer ungeheuren Klarheit die Züge des astralischen Leibes der Mutter" trage. Dies sei, „so auffällig, wie das da ist … etwas sehr Seltenes." (Steiner, 1995, GA 317, S. 120) Die Ich-Organisation trage zwar nicht diese Züge, das Ich sei „einfach noch verkümmert, es weist Sie hin auf eine Ich-Organisation, die sonst Kinder haben im sechsten, siebenten Monat der Schwangerschaft; da ist er stehengeblieben. Die letzten Monate der Schwangerschaft scheint die Ich-Organisation nicht mitgemacht zu haben wegen des außerordentlich stark entwickelten astralischen Leibes." (Steiner, 1995, GA 317, S. 121) Weiterhin habe Willfried „nach der Geburt alle die Kräfte in sich (behalten) durch diesen astralischen Leib, die es während der Embryonalzeit gehabt hat." (Steiner, 1995, GA 317, S. 121)

Im Folgenden führt Steiner aus, dass im Normalfall der Kontakt mit der Luft nach der Geburt allmählich zu einer Veränderung führe: Je älter ein Baby werde, desto weniger wirkten die „Embryonalkräfte" und desto stärker könne die Luft über die Atmung in die Entwicklung eingreifen. Damit erklärt er nun auch, wieso erst spät bemerkt worden sei, dass Willfried eine ungewöhnliche Entwicklung nahm: „Wir wissen, sie beeinflusst ihn ja schon von Anfang an, ergreift aber doch erst nach und nach den ganzen Organismus. Es ist dadurch in der ersten Zeit wegen des Fortwirkens der Embryonalkräfte immer noch nicht zu bemerken, was dann später für Verheerungen im menschlichen Organismus eintreten, wenn der Infantilismus so weit geht, wie wir es hier mit einem radikalen Fall von Infantilismus zu tun haben, wo er eben so weit geht, dass die Embryonalorganisation beibehalten ist." (Steiner, 1995, GA 317, S. 121)

Die Ursache für diesen „Infantilismus" sieht Steiner als „Ergebnis des Zusammenwirkens kosmischer Kräfte". Der Uterus schütze das Baby vor irdischen Einflüssen, „so dass der Raum ausgespart wird für kosmische Wirkungen. Wir haben einen Raum, der unmittelbar mit dem Kosmos in Verbindung steht." (Steiner, 1995, GA 317, S. 121 f.) In diesem Raum gehe die Entwicklung der Kopf-Organisation vor sich, während das Stoffwechsel-Gliedmaßen-System sich durch „die irdischen Kräfte“ entwickle. Für die Situation Willfrieds ist Steiner nun überzeugt: „Bei dem Kinde sind einfach für den postembryonalen Zustand die kosmischen Kräfte geblieben. Sie behalten die Überhand über dasjenige, was an Stärke hätte mitgegeben werden sollen, an Kräften, die sonst das Kind bekommt für die irdische Entwickelung, für die Entwickelung des Gliedmaßen-Stoffwechselsystems. Nun, die Folge davon ist ganz klar. Würde das Kind länger im Mutterleibe sein – das ist eine absurde Hypothese –, würde es länger da sein als zehn Monate, so würde der Kopf fortwährend wachsen und die Gliedmaßen würden nicht zur Entwickelung kommen können. Da ist nur Gelegenheit gegeben, Außerirdisches, Kosmisches wachsen zu lassen.“ (Steiner, 1995, GA 317, S. 122)

Steiner beschreibt hier also eine Reihe von Phänomenen und von ihm wahrgenommener Zusammenhänge. Aufgrund der Komplexität fasse ich die Eckpunkte hier noch einmal zusammen:

1. Willfried sei „im Embryonalstadium geblieben“, habe „die Wachstumsgesetze des Embryonalstadiums beibehalten“ und setze diese fort.
2. Ursache dafür sei, dass Ich und Ätherleib nicht in den Astralleib „eintauchen“ könnten, weil dieser „zu stark konfiguriert“ sei.
3. Willfrieds Astralleib trage „ganz deutlich mit einer ungeheuren Klarheit die Züge des astralischen Leibes der Mutter“ (Steiner, 1995, GA 317, S. 120).
4. Willfrieds Ich sei „verkümmert“, es sei „im sechsten, siebenten Monat der Schwangerschaft … stehengeblieben … wegen des außerordentlich stark entwickelten astralischen Leibes“ (Steiner, 1995, GA 317, S. 121).
5. Dies wiederum habe dazu geführt, dass Willfried „nach der Geburt die embryonalen Kräfte in sich behalten“ habe (Steiner, 1995, GA 317, S. 121).
6. Der Zustand Willfrieds sei am Anfang nicht bemerkt worden, weil die Embryonalkräfte normalerweise über den Kontakt mit

der Luft nach und nach in ihrer Wirkung nachließen – in diesem Fall jedoch nicht. Es handele sich um „einen radikalen Fall von Infantilismus", und dieser führe zu „Verheerungen im menschlichen Organismus".

7. Für bedeutsam hält Steiner, dass die Gebärmutter ein Raum sei, „der unmittelbar mit dem Kosmos in Verbindung steht" und „vor irdischen Einflüssen" schütze (Steiner, 1995, GA 317, S. 121 f.). Dies diene der Entwicklung der Kopforganisation, während die Stoffwechsel-Gliedmaßen-Organisation sich erst nach der Geburt durch „die irdischen Kräfte" entwickele.
8. Bei Willfried sei es nun so, dass die Wirkung der kosmischen Kräfte über die Geburt hinaus die Überhand über die irdischen, das Stoffwechsel-Gliedmaßen-System entwickelnden irdischen Kräfte behalten hätten (Steiner, 1995, GA 317, S. 122).

Im Anschluss an diese Darstellungen macht Steiner sich auf die Suche nach Ursachen für die Erkrankung Willfrieds. Er leitet dies ein mit dem Satz: „Nun musste man sich fragen: Woher ist das alles gekommen?" (Steiner, 1995, GA 317, S. 122) Da auch diese von Steiner benannten Ursachen sehr komplex sind, gebe ich sie systematisch wieder:

1. Zuallererst erwähnt Steiner, dass gerade am Vortag die Nachricht vom Herztod des Vaters von Willfried eingetroffen sei.
2. Direkt im Anschluss berichtet er, man sei darauf gekommen, die Mutter zu befragen, ob sie nichts „besonderes Seelisches während der Schwangerschaft" gehabt habe. Er habe sie gefragt, ob es ihr „leid gewesen" sei, dass „das Kind nicht in (ihr) geblieben …, sondern zur Welt gekommen" sei, was sie bejaht habe. Sie habe also „ihre ganze Verbindung auf jene Gemeinschaft gegründet", und es sei ihr leid gewesen, dass sie ihr Kind „nicht bei sich im Mutterleib (habe) behalten können, dass ihr das Kind durch die Geburt entrissen worden (sei)." (Steiner, 1995, GA 317, S. 122)

3. Dieses Gefühl wiederum nun deute „auf der einen Seite auf einen ganz außerordentlich starken Zusammenhang im karmischen Sinne." (Steiner, 1995, GA 317, S. 122)
4. Auf der anderen Seite deute dieses Gefühl darauf, „dass geradezu damit die Bedingungen gegeben waren, dass im Kinde blieben jene Kräfte, die während der Embryonalzeit wirksam sind". Steiner sagt dann, hier beginne „das abnorme Seelenleben bei der Mutter", und dieses übertrage sich, „natürlich mit einem tiefen karmischen Zusammenhang, auf das Kind." (Steiner, 1995, GA 317, S. 122f.)
5. Allerdings sieht Steiner die Ursachen nicht nur in der Gefühlslage von Willfrieds Mutter, sondern beschreibt auch einen Zusammenhang mit der Herzerkrankung seines Vaters, denn „Sie brauchen nur daran zu denken, wie stark Herzerkrankungen mit der Beeinflussung der menschlichen Gliedmaßen zusammenhängen … wie die Organisation der Beine sofort schwach wird unter dem Einflüsse gewisser Herzerkrankungen, wie dasjenige, was bei den Gliedmaßen das Wichtigste ist, die Gelenkgewebe und Gelenksäfte, unter dem Einfluss einer Herzerkrankung leiden." (Steiner, 1995, GA 317, S. 123)
6. Unter der Prämisse „dass die Gliedmaßenorganisation am stärksten vom Vater, während die Kopforganisation von der Mutter am stärksten beeinflusst wird" (Steiner, 1995, GA 317, S. 123), sieht Steiner hier eine direkte Beeinflussung der konstitutionellen Situation von Willfried: „Nun denken Sie sich die Konzeption so, dass unter Umständen ein Unvermögen, die Kräfte der väterlichen Organisation in die Gliedmaßen hineinzubringen, schon ins Kind übergeht, daher die Kopfesorganisation von der Mutter ins Ungeheure getrieben wird." (Steiner, 1995, GA 317, S. 123)
7. Hier nun sieht Steiner eine „Rückerklärung, warum die Mutter das Kind im Mutterleibe liebt, weil das Kind wenig väterliche Erbkräfte mitbekommen hat, weil die Mutter die Hauptsache dazu geben konnte." (Steiner, 1995, GA 317, S. 123)

Vor dem Hintergrund der von Steiner hier hergestellten Bezüge wird nun auch deutlich, warum er bereits zu Beginn seiner Ausführungen einige Indizien erwähnt hatte, die er im Hinblick auf eine mögliche Ursache für die Erkrankung Willfrieds für besonders bedeutsam zu halten scheint: Zum einen, dass Willfried bei der Geburt keine Besonderheiten aufzeigte, „weil der Embryonalzustand dauernd normal war." (Steiner, 1995, GA 317, S. 119) Zum anderen, dass Willfrieds Mutter sich während der Schwangerschaft „besonders wohl" gefühlt habe. Letzteres verstärkt Steiner, indem er sagt: „Auf diese Bemerkung bitte ich Sie sogar, besonders Wert zu legen." (Steiner, 1995, GA 317, S. 119)

Zusammenfassend lässt sich also sagen, dass Steiner davon ausging, es liege eine seelische Abnormität bei Theodora Kunert vor, die aufgrund eines – nicht näher benannten – karmischen Zusammenhangs den Zustand ihres Sohnes Willfried Immanuel bewirke. Die seelische Abnormität habe zu einem Überwiegen der von der mütterlichen Seite beeinflussten kosmischen Kopfkräfte gegenüber den von der väterlichen Seite – und durch die Herzerkrankung von Ernst Kunert zusätzlich geschwächten – beeinflussten irdischen Gliedmaßenkräfte[11] geführt. Diese Konstellation bewirke, dass „die Kopfesorganisation von der Mutter ins Ungeheuerliche getrieben" (Steiner, 1995, GA 317, S. 123) worden und Willfried Immanuel ein „Riesenembryo" (Steiner, 1995, GA 317, S. 119, 138, 174) geworden sei. An dieser Stelle sei nochmals daran erinnert, dass Steiner den geistigen Kräften von Punkt und Kreis eine unmittelbar leibbildende Funktion zumisst.

In Kapitel 5 werde ich diese Darstellung aus dem *Heilpädagogischen Kurs* in Zusammenhang mit der in Abschnitt 4.3 skizzierten Darstellung Theodora Kunerts analysieren. Zunächst jedoch stelle ich die therapeutischen Empfehlungen dar, die Steiner auf der

11 Diese grundlegende, polare Unterscheidung zwischen weiblich-kosmischen und männlich-irdischen Kräften bedürfte meines Erachtens einer eigenen kritischen Analyse, die aber den Rahmen dieses Textes sprengt.

Grundlage seiner Diagnose und Ursachenbeschreibung entwickelte.

4.4 Steiners Therapieansätze zur Situation von Willfried Immanuel Kunert

Am nächsten Tag, dem 4. Juli 1924, im 9. Vortrag des *Heilpädagogischen Kurs*es kommt Steiner wieder auf Willfrieds Situation zu sprechen. Er erweitert nun seine Diagnose dahingehend, dass die „Vergrößerung des Kopfes" durch eine „außerordentliche Erregbarkeit und Reizbarkeit des Sinnes-Nervensystems" (Steiner, 1995, GA 317, S. 134) entstehe. An dieser Stelle sei daran erinnert, dass Steiner am Vortag erwähnt hatte, dass der bei der Geburt noch auffallend kleine Kopf des Kindes darauf hinweise, dass die Ursache für den Hydrozephalus nicht so sehr an einer Schwäche der Nerven-Sinnes-Organisation liege. (Steiner, 1995, GA 317, S. 120) Steiner sieht also wohl ein „überempfindliches Sinnessystem" (Walter, 1955, S. 40), aber die Ursache dafür nicht im Nerven-Sinnes-System an sich. Er beschreibt nun auch, die Reizbarkeit des Nerven-Sinnes-Systems sei „bewirkt durch jene Umstände, die ich gestern in Bezug auf das Embryonale und das Zusammenwirken von Vater und Mutter gesagt habe", d. h. die eigentliche Ursache ist entsprechend Steiners grundlegendem Menschenbild eine geistige, in diesem Fall auch eine karmische. Daraus folgten dann therapeutische Maßnahmen.

Die erste dieser Maßnahmen war, Willfried die meiste Zeit in einen Raum zu bringen, „der vollständig verdunkelt ist, so dass das Kind eigentlich immer im Stillen und Finstern liegt, keine Eindrücke empfängt", denn es müsse „jeder Reiz auf das Sinnes-Nervensystem für die meiste Zeit, in der (das Kind) lebt, vermieden werden." Durch diese Maßnahme werde „innerlich der Impuls des Zappelns, des Willens erregt und es wird dem Sinnes-Nervensystem entgegengewirkt." (Steiner, 1995, GA 317, S. 135) Steiner räumt an dieser Stelle ein, dass er „die Möglichkeit, dadurch zu wirken, etwas überschätzt habe, weil das Kind noch nicht lichtempfindlich" (Steiner, 1995, GA 317, S. 135) sei. Er betont jedoch gleich im Anschluss: „Nun bleibt das bestehen, dass man zunächst bei einem solchen Kinde daran denken muss, es im Stillen und Finstern leben zu lassen, möglichst wenig Eindrücke in seine Umgebung zu bringen, dann wird innerlich der Impuls des Zappelns, des Willens erregt und es wird dem Sinnes-Nervensystem entgegengewirkt. (Steiner, 1995, GA 317, S. 135) Auch einige Passagen später wiederholt er nochmals: „Ja, psychologisch ist das schon auch möglich: Ruhe und möglichst Finsternis zu haben" (Steiner, 1995, GA 317, S. 137). Steiner scheint also trotz des geringen Erfolges weiter an seine Methode zu glauben. Dies erinnert an die in Kapitel 4.1 und 4.2 dargelegte Situation, dass er trotz des anderweitigen Untersuchungsergebnisses hinsichtlich der entgegen seiner Vermutung sehr wohl regulär zurückgebildeten Gebärmutter weiterhin daran festhält, die Situation von Willfried liege an seiner Mutter: „Ich kann nur denken, dass die Mutter das Kind mit großer Wollust getragen hat." (Walter, 1955, S. 40)

Eine weitere Maßnahme war – mit dem Ziel „gerade dasjenige in Ordnung zu bringen, was vom Verdauungssystem aus ins Gehirn wirkt" (Steiner, 1995, GA 317, S. 136) – das Abstillen. Denn: „Nun können Sie sich denken, dass Muttermilch nicht unter allen Umständen auf ein solches Kind so wirken kann, wie sie auf ein anderes Kind wirkt. Die Muttermilch ist dazu bereitet, dass sie vom Verdauungssystem aus sich in normaler Weise umsetzt bis ins Sinnes-Nervensystem hinein. Daher wurde Anfang März 1924 die Muttermilch bei diesem Kinde weggelassen. Das Kind wurde anders ernährt. Dem Kinde wurden Nektariensäfte gegeben, der Inhalt von Nektargefäßen, die man in der Blütenregion von gewissen Pflanzen findet. Dadurch wird insbesondere das Ich in der Willensregion gestärkt. Man appelliert, indem man so etwas gibt, was dynamisch-parasitär aus der Blütenregion sich entwickelt, die innere Individualität des Kindes, um diese herauszubringen und diese zur Tätigkeit zu bringen." (Steiner, 1995, GA 317, S. 136)

Neben diesen beiden Maßnahmen wurden in der Arlesheimer Klinik medizinische Gaben (u.a. Gneis, Blei) und äußere Anwendungen (u.a. Wiesenmohnbäder, Hypophysis-Salbe) verordnet, die ich als Nicht-Medizinerin nicht beurteilen kann und auf die ich daher auch nicht eingehe. Ganz unabhängig von welchen medizinischen Maßnahmen aber auch immer: Der Mutter eines sieben Monate alten Kindes mit der oben dargestellten Argumentation nahezulegen, sie solle es abstillen, sich am besten auch von ihm trennen, dieses Kind darüber hinaus über lange Zeiträume in einen dunklen Raum zu legen, daran auch trotz nicht eintretender Wirkung festzuhalten – aus psychologischer Sicht erlebe ich dies alles als ausgesprochen befremdlich und problematisch, und es erstaunt mich, dass diese Thema bisher nirgendwo bearbeitet worden ist. Die sich daran anschließenden Fragen werde ich in Kapitel 5 und Kapitel 8 wieder aufgreifen. Zunächst möchte ich jedoch versuchen, die Beweggründe für Steiners Therapieansatz in der damaligen Situation etwas besser zu verstehen.

Steiner weist darauf hin, „dass bei einem solchen Kinde mit einem Punktieren und Ablaufenlassen des Wassers nichts zu machen ist, weil die Sache von selbst wieder in Gang kommt und sich vergrößert." (Steiner, 1995, GA 317, S. 139) Diese Tatsache, dem damaligen, noch in den Kinderschuhen stehenden Forschungsstand zur Behandlung des Hydrozephalus geschuldet, ist, (wie bereits im Abschnitt 4.1 erwähnt) nicht von der Hand zu weisen. Willfrieds Vater schrieb in einem Brief an Ita Wegman: „Der Kinderarzt riet uns, noch höchstens 2–3 Wochen zu warten, um dann die Lumbalpunktion vorzunehmen. Sollte sie zu wiederholten Malen nichts helfen, so sollte der hiesige und berühmte Chirurg Prof. Dr. Payer den Balkenstich vornehmen. Was das bedeutet, wissen wir, nämlich einen Stich auf Leben und Tod." (zitiert nach Selg, 2006, S. 24) Auch Selg verweist darauf, dass die damaligen Methoden bereits 1944 von Fachleuten als „völlig erfolglos" eingeordnet wurden. (Selg, 2006, S. 86)

Steiner selbst hatte bereits Begegnungen mit älteren Menschen mit Hydrozephalus gehabt. So erwähnt er auch in Zusammenhang mit Willfried, dass „dieser Fall“ für ihn „tatsächlich ein außerordentlich interessanter“ (Steiner, 1995, GA 317, S. 139) sei und berichtet über einen 30jährigen Mann, dem er in seiner Kindheit regelmäßig begegnet war, sowie einen 11jährigen Jungen, „den ich als Hydrozephalus im elften Lebensjahre bekommen habe, und der vollständig geheilt worden ist.“ (Steiner, 1995, GA 317, S. 139) Dennoch war Steiner bewusst, dass er mit seinem Therapieansatz für Willfried nicht unbedingt Erfolg haben würde: „Natürlich können wir nicht, solange wir nicht Erfolge haben im Zurückgehen des Kopfumfanges, über die Sache mit Bekrittelung von andern Behandlungsweisen reden.“ (Steiner, 1995, GA 317, S. 139)

Für den kleinen Willfried konnte auch Steiner mit seinem therapeutischen Ansatz nichts erreichen. Willfried verstarb am 30. November 1925, nach wiederkehrenden Krisen und vermehrten Krämpfen, mit ca. 2¼ Jahren. Er hatte zu diesem Zeitpunkt einen Kopfumfang von 75 cm, und sein Körper war ausgemergelt. Das bei Uhlenhoff (2007, S. 145) veröffentlichte Foto erschüttert mich persönlich sehr.

Im folgenden Kapitel werde ich nun versuchen, die von Steiner gestellte Diagnose einer kritischen Analyse zu unterziehen. Dabei beziehe ich mich sowohl auf die Darstellungen im *Heilpädagogischen Kurs* als auch auf die Aufzeichnungen von Willfrieds Mutter Theodora Kunert (Krück von Poturzyn, 1968). Thematisch werde ich mich vor meinem beruflichen Hintergrund als Psychologin darauf konzentrieren, welche Auswirkungen Steiners Analyse auf die seelische Situation von Theodora Kunert als Person und als Mutter von Willfried gehabt haben könnte.[12]

12 Der Grund, dass ich mich auf Theodora Kunert beschränke, ist nicht, dass ich die Situation des Vaters nicht für wichtig halte, sondern dass es von ihm keine so ausführlichen Aufzeichnungen gibt.

5. Eine Punkt-Kreis-Situation? Meine Analyse

5.1 Subjektive Perspektive und ethische Dilemmata

Ehe ich zu meiner Analyse komme, möchte ich drei wichtige Klärungen vornehmen. Erstens halte ich es – entsprechend des in den letzten Jahrzehnten in der qualitativen Sozialforschung entwickelten Paradigmas, welches Subjektivität und Selbstreflexivität als zentrale Elemente im Forschungsprozess sieht (Breuer & Mruck, 2003) – für wichtig, meine subjektive Perspektive und Betroffenheit zu reflektieren und auch transparent zu machen. Peter Selg schreibt: „Theodora Krück von Poturzyns Schilderung des Lebens- und Therapieweges ihres Kindes Willfried Immanuel ist erschütternd und hat seit ihrer Veröffentlichung zahlreiche Menschen aufs Tiefste bewegt …“ (Selg, 2006, S. 9). Auch ich persönlich habe während der Auseinandersetzung mit dem Schicksal von Willfried und seiner Mutter eine Erschütterung erlebt, daher war es im Rahmen meiner Auseinandersetzung mit der Thematik unabdingbar, mir meine Ausgangssituation und deren möglichen Einfluss auf meine Wahrnehmung und meinen Analyseversuch immer wieder bewusstzumachen. Dabei spielte auf der persönlichen Ebene eine Rolle, dass ich als Frau und Mutter selbst Schwangerschafts-, Geburts- und Stillprozesse sowie die damit verbunden Verbindungs- und Ablöseprozesse erlebt habe. Aber auch beruflich ist die Thematik für mich eine zentral wichtige. Ich war 14 Jahre lang als Heilerziehungspflegerin in der Assistenz von Menschen mit Behinderung tätig, bin seit 25 Jahren Dozentin für anthroposophische und psychologische Themen und leite seit 14 Jahren eine große, anthroposophisch inspirierte Ausbildungseinrichtung im Bereich des Sozialwesens. Steiners methodischen Ansatz, die subjektive

Wahrnehmung durch systematische Beobachtung sowohl der äußeren als auch der innerseelischen Welt und des eigenen Denkens (Steiner, GA 4, 2021b) zu erweitern, erlebe ich als äußerst wertvoll. Ebenso bin ich mit dem Punkt-Kreis-Motiv sehr verbunden. Als Psychologin und Ausbilderin habe ich mich über längere Zeit mit den Zusammenhängen zwischen den Themen Punkt und Kreis, Bindungsverhaltensmustern und psychohygienischen Fragestellungen in der Ausbildung von Fachkräften in der Heil- und Inklusionspädagogik beschäftigt und mich außerdem in zwei Aufsätzen damit auseinandergesetzt (Pichler, 2016, 2020). Diese Verbindung mit den obengenannten anthroposophischen Grundgedanken hat sich durch die Beschäftigung mit dem Schicksal der Familie Kunert nicht verändert, jedoch hat sich meine Perspektive darauf deutlich weiterentwickelt.

Zweitens möchte ich darauf hinweisen, dass ich mit meinem subjektiven Versuch einer Einordnung der damaligen Situation nicht die Absicht verfolge, die Menschen, die Willfried auf seinem intensiven und kurzen Lebensweg begleitet haben, in ihrem Handeln zu beurteilen. Das wäre schon deswegen problematisch, weil die betroffenen Personen heute nicht mehr befragt werden können. Zudem entstammt einiges für meine Analyse entscheidendes Wissen der psychologischen Forschung des 20. Jahrhunderts, die die damals Handelnden nicht kennen konnten. Ich bin also trotz der kritischen Analyse aus meiner heutigen Perspektive davon überzeugt, dass sie alle in einer herausfordernden und persönlich sehr schmerzvollen Situation aus ihrer tiefen inneren Überzeugung, aus ihrem vollen, ihnen damals möglichen Bewusstsein und in einer ihnen persönlich entsprechenden Stimmigkeit gehandelt haben.

Daher möchte ich drittens ein ethisches Dilemma benennen. Im Sinne der heutigen, auf Inklusion und Teilhabe hin orientierten Gesellschaft sollten sie persönlich betreffende Themen nicht ohne die jeweiligen Menschen besprochen werden. Vor diesem Hintergrund scheint es mir nicht unproblematisch, die Situation von bereits vor Jahrzehnten verstorbenen Menschen nicht nur anhand von Quellen zu beschreiben, sondern darüber hinaus Hypothesen aufzustellen, was in ihnen innerlich vorgegangen sein könnte. Das gilt in meiner Analyse ganz besonders für Theodora Kunert. Trotz erheblichen inneren Zögerns habe ich mich dennoch dazu entschieden, dies zu tun, denn auf der anderen Seite konnte ich im Zuge der Entwicklung des vorliegenden Textes die Situation nicht einfach unbesprochen lassen. Warum ich diese letzten Endes auch sehr persönliche Entscheidung getroffen habe, will ich im Folgenden erläutern.

Zum einen kann ich die Situation nicht unbesprochen lassen, weil Anthroposophie meines Erachtens nicht einfach unhinterfragt tradiert werden sollte, sondern mit heutigen Diskursen und Paradigmen aktiv in Dialog treten muss (vgl. Schieren, 2011), um zeitgemäß und sinnvoll wirken zu können und ihr volles Potential zu entfalten. Dazu will ich mit diesem Text etwas beitragen. Insbesondere ist es meines Erachtens wichtig, auch die schmerzhaften und schwierigen Seiten der anthroposophisch inspirierten Heil- und Inklusionspädagogik, damals wie heute, zu benennen. Theodora Krück von Poturzyn berichtet in ihren am Ende ihres Lebens niedergeschriebenen Aufzeichnungen von wirklich schweren Schuldgefühlen und von großem innerem Leid (vgl. Kapitel 4.2). Es scheint also, dass sie Zeit ihres Lebens immer wieder mit dem Gedanken umgehen musste, eine große persönliche Verantwortung für die schwere Erkrankung ihres Sohnes zu tragen. Die Ursachen für diese persönliche Last sind sicherlich komplex und nicht linear den Aussagen Steiners zuzuschreiben. Das ändert jedoch nichts daran, dass diese Aussagen einer kritischen Analyse bedürfen. Ein weiterer für meine Entscheidung ausschlaggebender Faktor war der, dass Theodora Krück von Poturzyn im Schicksal ihres Sohnes einen tiefen Sinn für die Entwicklung der anthroposophischen Heilpädagogik sah. Auf den letzten Seiten ihrer Aufzeichnungen gibt sie Steiners Idee (Steiner, 1995, GA 317, S. 123 f.) wieder, ihr Sohn stelle mit seinem Schicksal eine Art Urphänomen für das Verständnis anderer Kinder zur Verfügung: „Willfrieds Aufgabe war erfüllt. Er bot ein Urphänomen dar, die Zusammenschau der Phänomene, nach denen Rudolf Steiner Ausschau halten musste, nicht für sich selbst, sondern für die Lehraufgabe an jene, die durch Generationen herankommen werden.“ (Krück von Poturzyn, 1968, S. 59) Darauf werde ich in Abschnitt 5.5 zurückkommen. Da es auch mir, wenn auch aus anderer Perspektive, um die Weiterentwicklung und den Fortbestand der anthroposophisch inspirierten Heil- und Inklusionspädagogik geht, hoffe ich, durch meinen Text zu diesem Anliegen Theodora Krück von Poturzyns beitragen zu können.

5.2 Fragestellungen und Begründung für die Analyse

Für die Analyse der Steiner’schen Diagnose zur Situation von Willfried und seinen Eltern, insbesondere seiner Mutter Theodora Kunert, werde ich verschiedene Fragestellungen betrachten:

1. Worauf beruhte die von Steiner gestellte Diagnose, wieso halte ich diese fürbefragenswert, und welche alternativen Interpretationen könnte es für die Situation geben?
2. Welche Folgen hatten diese Diagnose und die daraus abgeleitete Therapie für Theodora Kunert und ihren Sohn Willfried?

Zunächst möchte ich jedoch klären, warum ich diese Fragestellungen für sachlich relevant halte. Im Gesamtzusammenhang der bis hierher entwickelten Fragestellungen scheint mir die Analyse der konkreten Situation von Willfried und seiner Mutter Theodora anhand der vorliegenden Quellen aus drei Gründen notwendig: Erstens hat sie eine Art Schüsselfunktion für ein vertieftes Verständnis der Bedingungen der Punkt-Kreis-Meditation. Zweitens ist sie historisch notwendig, da die damalige Einordnung der psychologischen Situation von Theodora Kunert, die sowohl für ihr eigenes Schicksal als auch für das ihres Sohnes Willfried dramatische Folgen hatte, meines Erachtens problematisch ist. Und drittens ist sie auch für die weitere Entwicklung einer anthroposophisch inspirierten Heil- und Inklusionspädagogik von zentraler Bedeutung (vgl. Kapitel 6 und Kapitel 8).

Eine Schlüsselfunktion hat die Situation von Willfried und seiner Mutter Theodora, weil es sich um eine relativ gut dokumentierte Situation handelt, in der laut Steiner das Punkt-Kreis-Motiv und die Punkt-Kreis-Meditation eine Rolle spielten. Wie in Kapitel 2 beschrieben, stellte Steiner die Punkt-Kreis-Meditation im *Heilpädagogischen Kurs* als einen möglichen Ansatz zur Wahrnehmung von menschenkundlichen Zusammenhängen, insbesondere aber auch der konkreten konstitutionellen Situation bestimmter Menschen, dar. Wenn Diagnose und Therapieansatz Steiners zu Willfried und seiner Mutter Theodora Kunert aus heutiger Sicht tatsächlich problematisch sind, ergibt sich die Frage, wie es zu dieser Diagnose kam und ob dies auch eine grundsätzlichere Bedeutung für den Umgang mit der Punkt-Kreis-Meditation hat. Insbesondere ist es anhand dieser Situation möglich, das gerade bei einer solchen Methode bestehende hohe Risiko von Wahrnehmungsverzerrungen in den Blick zu nehmen und weiterhin zu überprüfen, welche Bedingungen die Punkt-Kreis-Meditation braucht, um sinnvoll wirken zu können.

Historisch notwendig ist die Analyse, da die damals von Steiner dargestellten Interpretationen teilweise nicht haltbar scheinen und es alternativer Interpretationen für die Situation der damals betroffenen Personen bedarf. Die Notwendigkeit einer psychologischen Analyse in diesem Zusammenhang ergibt sich nicht zuletzt aus der hohen Diskrepanz zwischen den damals von Steiner verordneten therapeutischen Maßnahmen und dem heutigen psychologischen Wissen zur Situation von Babys im ersten Lebensjahr.

Weiterführend erscheint mir eine Klarstellung im Sinne des oben Gesagten auch für die heutige und zukünftige anthroposophisch orientierte Heil- und Inklusionspädagogik von hoher Bedeutung. Denn es ergibt sich insgesamt die grundlegende Frage, wie sich die heutige anthroposophisch orientierte Heil- und Inklusionspädagogik zu Aussagen Steiners im *Heilpädagogischen Kurs* verhält. Selbst wenn wir davon ausgingen, dass Steiners Darstellungen während des *Heilpädagogischen Kurs*es exakt mitgeschrieben wurden (was vermutlich nicht der Fall ist) – hieße dies denn, dass jede dort getätigte Darstellung umfassend und in jedem Fall „richtig" wäre? Anders ausgedrückt, gehen wir davon aus, dass Steiner durch seine immer wieder dargestellten Bemühungen um Erkenntnis sozusagen „die ganze Wahrheit" erfasst hat? Oder gehen wir davon aus, dass er ein Mensch war, der versuchte, durch Wahrnehmungsschulung der leiblichen, seelischen und geistigen Wirklichkeit bestimmter Phänomene ein Stück näher zu kommen und sich dabei in einem kontinuierlichen, nicht abgeschlossenen Prozess befand? Ich plädiere für Letzteres und hoffe, mit diesem Text gute Argumente dafür zu liefern.

Auf diese Thematik hinzuweisen, mag nun manchen Leser:innen unnötig erscheinen, ergibt sich die Antwort für sie doch direkt aus dem eigentlichen Anliegen der Anthroposophie. Steiner selbst hat ja immer wieder darauf hingewiesen, dass insbesondere der Versuch, die nicht-sinnliche, geistige Welt wahrzunehmen, großen Irrtumsmöglichkeiten ausgesetzt ist: „Gewiss, alles menschliche Streben ist je und je dem Irrtume unterworfen, und vieles wird sich auch dem Geistesforscher leicht als ein Irrtum in das, was er sucht, einschleichen können. Dass der Irrtum noch leichter sich einschleichen kann als in der äußeren Sinneswelt, das ist ihm wohl bewusst." (Steiner, 2017a, GA 69e, S. 140) Selbst wenn ich annehme, dass es Steiner gelungen ist, trotz dieser großen Schwierigkeit die nichtsinnliche Welt immer wieder wahrzunehmen, ist durchaus davon auszugehen, dass er sich dabei auch in manchem Aspekt geirrt haben könnte, denn: „Gerade darin zeigt sich die Schwierigkeit des menschlichen Weges zur Wahrheit, dass gewissen Erscheinungen gegenüber, gerade aus einem ungeheuren Wahrheitstrieb heraus, selbst große Geister irren." (Steiner, 2017b, GA 58, S. 159)

Wer also davon ausgeht, dass Steiner selbst das Anliegen hatte, Wahrnehmung kontinuierlich weiter zu entwickeln und dabei durchaus auch eigene bisherige Erkenntnisse in Frage zu stellen, für den ist dies selbstverständlich. Die diskursive Wirklichkeit – das heißt, die Art, wie anthroposophische Heil- und Inklusionspädagogik im Gespräch konstruiert wird – ist jedoch meines Erachtens zumindest in Teilen eine andere. Wie bereits in der Einleitung dargestellt, wurde der lange Weg anthroposophisch inspirierter Gruppierungen weg von einem fast religiösen Glauben hin zu einem echten Erkenntnisstreben, das auch Fehler zulässt, erst vor wenigen Jahren analysiert (Kiersch, 2015). Auch heute noch nehmen – das weiß ich aus etlichen Gesprächen – nicht wenige Menschen innerhalb der Anthroposophie an, dass Steiners Aussagen auf einer umfassenden und grundsätzlich immer richtigen Wahrnehmung übersinnlicher Zusammenhänge beruhten. So wurde mir zum Beispiel von mehreren Menschen erklärt, eine kritische Analyse der Situation der Familie Kunert sei schon deswegen nicht sinnvoll, weil Steiner hier doch unbedingt etwas Zentrales und Richtiges gesehen habe müsse – und man selbst gehe davon aus, im eigenen „Schulungsweg" einfach noch nicht weit genug entwickelt zu sein, um letztlich wirklich zu verstehen, was er gemeint haben könne.

Nun gibt eine derartige Zuschreibung potentieller Allwissenheit auf eine Person Sicherheit, denn statt des mühsamen Prozesses einer stetigen, unbefangenen Wahrnehmungserweiterung reduziert sich die sehr komplexe Welt dann darauf, die richtigen Erkenntnisse dieser allwissenden Person nachzubilden oder sogar einfach nur vorauszusetzen (vgl. Schieren, 2011). Diese Tendenz ist insofern menschlich verständlich. Die große Gefahr einer solchen Wahrnehmungsvereinfachung besteht aber darin, dass eine derart reduzierte Weltsicht große Teile der Wirklichkeit ausblendet – ein Phänomen, das von der Wahrnehmungspsychologie im Hinblick auf z. B. stereotype Kategorienbildung, die Vorurteilen zugrundeliegen, umfassend erforscht worden ist.

Für die Anthroposophie stellt diese ganz normale menschliche Tendenz eine grundsätzliche Herausforderung dar, führt sie doch zu einer Wahrnehmungsverengung statt zu einer Wahrnehmungserweiterung – dem eigentlichen Anliegen anthroposophischer Methodik. Darüber hinaus stellt jede Wahrnehmungsverengung in heil- und inklusionspädagogischen und auch in therapeutischen Kontexten eine potentielle Gefahr für konkrete Menschen dar. Werden von Steiner getätigte Äußerungen zu konkreten Situationen verallgemeinert oder auf andere, scheinbar ähnliche Situationen übertragen, so steht dies in unauflösbarem Widerspruch zu Steiners immanent auf das sich entwickelnde Individuum ausgerichteten Menschenbild. Statt einer unbefangenen, gegenwärtigen Wahrnehmung von Sein und Werden eines Menschen wird dessen Situation dann durch ein fixes Vorstellungsbild zementiert. Da Vorstellungsbilder, wie Steiner umfassend dargestellt hat (Steiner, 2019a, GA 293, 2. Vortrag), der Vergangenheit entstammen, werden Gegenwart und Zukunft dieses Menschen dann wie abgeschnitten. Denn ein solches fixes Vorstellungsbild erzeugt sich stets von Neuem selbst und beeinflusst im schlimmsten Fall (im Sinne einer sich selbsterfüllenden Prophezeiung) auch den Identitäts- und Handlungsspielraum der betroffenen Personen.

Weiterführend stellt sich die Frage, ob und wenn ja wie weit die Aussagen Steiners zu dieser Situation in einen – dann vermutlich nahezu unbewusst gebliebenen – Kanon von Grundannahmen innerhalb der anthroposophischen Heil- und Inklusionspädagogik eingegangen sein könnten. Wenn etwas nicht oder nur teilweise verstanden und stattdessen „geglaubt“ wird, kann dies schnell geschehen. Sofern dies so gewesen wäre, könnte es auch auf etliche andere Darstellungen aus dem *Heilpädagogischen Kurs* zutreffen, die dann ebenfalls einer kritischen Analyse bedürften. Die Situation von Willfried Immanuel und Theodora Kunert stünde dann möglicherweise exemplarisch für die Übernahme bestimmter überlieferter Ideen, die im Alltagsdiskurs, aber auch in manchen Publikationen, häufig nicht einmal mehr mit anderen Aussagen

Steiners in Beziehung gesetzt, geschweige denn kritisch reflektiert werden. Eine solche „überlieferte" Thematik ist die eines möglichen Zusammenhangs zwischen Karma und Behinderung, auf die ich in Kapitel 8 zurückkommen werde.

Meines Erachtens wäre es also ein schwerwiegender Fehler, davon auszugehen, dass Steiner aufgrund eines unfehlbar beschrittenen „Schulungsweges" auf jeden Fall immer die Wirklichkeit erfasst haben müsse. Vielmehr halte ich es für wahrscheinlich, dass auch Steiners Erkenntnisbemühungen von gewissen, damals lebenden Vorstellungen und eigenen Vorannahmen mitgeprägt waren und seine Aussagen daher zumindest teilweise historisch, kulturell und sozial situiert und – ja! – in manchen Fällen auch schlicht und einfach falsch gewesen sein können. Schieren hat bereits 2011 darauf hingewiesen, dass es „eine wesentliche und unabdingbare Voraussetzung für einen wissenschaftlichen Umgang mit der Anthroposophie" sei, „dass Rudolf Steiners Darstellungen nicht als Wahrheiten bzw. Tatsachenaussagen behandelt werden, sondern als kritisch zu prüfende Thesen." (Schieren, 2011). Selbstverständlich gilt die grundsätzliche Irrtumsmöglichkeit auch für die anthroposophische Sekundärliteratur, einschließlich des hier vorgelegten Textes. Gerade weil Steiner nach meiner Erfahrung im inneranthroposophischen Diskurs auch heute noch immer wieder als nahezu unfehlbar konstruiert wird, erscheint es mir in diesem Sinne unabdingbar, kritische Fragen an die Quellen der anthroposophischen (Heil-)Pädagogik zu stellen, wenn wir an der Forschung und zukünftigen Entwicklung von Paradigmen und Handlungsansätzen teilhaben wollen. Um eine Annäherung an solche Fragen soll es also, am Beispiel der Situation von Theodora Kunert und ihrem Sohn Willfried, in den folgenden Kapiteln gehen.

5.3 Analyse von Steiners Diagnose – Methodischer Aspekt

Die Frage, wie Steiner zu seiner Einschätzung der Situation von Willfried kam, ist recht schwierig zu klären, da nur eine indirekte Annäherung möglich ist. Außer dem Hinweis auf das Gespräch, das er vermutlich am 7. März 1924 mit Theodora Kunert bezüglich ihrer Situation seit der Geburt ihres Sohnes führte, gibt es keine direkten Aussagen Steiners, wie er zu seiner Einschätzung kam. Um mich der Frage zu nähern, werde ich insbesondere den 8., 9. und 11. Vortrag des *Heilpädagogischen Kurses* sowie die Aufzeichnungen von Theodora Krück von Poturzyn zu Rate ziehen; dabei wird das Bild notwendigerweise ein lückenhaftes bleiben.

Zunächst möchte ich versuchen, das von Theodora Krück von Poturzyn aufgezeichnete Gespräch mit Rudolf Steiner zu verstehen, an dessen Ende die Verordnung stand, Willfried umgehend abzustillen: Was wurde hier gefragt, welche Antworten wurden gegeben, welche Schlüsse zogen die beiden anwesenden Personen Rudolf Steiner und Theodora Kunert? Im Anschluss werde ich auf die Vorträge des *Heilpädagogischen Kurses* eingehen, die erst Ende Juni/Anfang Juli 1924 gehalten wurden, während die Darstellung Theodora Krück von Poturzyns fast vier Monate früher ansetzt. Da ich diese bereits in Abschnitt 4.2 ausführlich dargestellt habe, werde ich hier nur auf einige wenige Aspekte eingehen. Sofern ich mich dabei auf bereits verwendete Textabschnitte beziehe, kürze ich diese stark ab.

Vorab ist noch einmal der Kontext herzustellen: Familie Kunert hatte sich die Diagnose und Behandlung durch Steiner und Ita Wegman explizit ausgesucht. Obwohl ihr deren experimenteller Charakter bewusst war, haben weder Theodora noch Ernst Kunert jemals erwogen, die Behandlung abzubrechen. Theodora Kunert war von Ita Wegman gefragt worden, ob sie diesen Weg wirklich gehen wolle (Krück von Poturzyn, 1968, S. 34 f.), und Steiner machte ihr keine unrealistischen Hoffnungen (Krück von Poturzyn, 1968,

S. 32). Dies war eine für die damalige Zeit vermutlich ungewöhnlich transparente Einbeziehung der Betroffenen; hier besteht also keinerlei Anlass zur Kritik. In der ersten Begegnung mit Theodora Kunert und ihrem Sohn Anfang Februar 1924 äußerte Steiner sich noch nicht inhaltlich zur Situation, sagte aber, die Krankheit liege „ganz offen", und er „sehe klar, was ihm fehlt." (Krück von Poturzyn, 1968, S. 32) Gleichzeitig betonte Steiner, dass er nichts versprechen könne. Theodora Kunert aber erlebte wohl in diesem Moment eine große Entlastung: „Das Schicksal meines Sohnes war aufgenommen in eine Fürsorge, die weiter herkam und wie hinausreichte über das Jetzt und Hier." (Krück von Poturzyn, 1968, S. 32) Was genau Steiner hier „klar sieht", teilte er an dieser Stelle nicht mit – unter Umständen, weil er dies nicht ungefragt tun und Theodora Kunert vor dem schützen wollte, was er zu sehen glaubte. In jedem Fall erlebte Willfrieds Mutter zwischen ihrem Kind und Steiner eine besondere Beziehung, es „spann sich ein geheimnisvoller Faden" und ihr war, als sei sie „Zeuge von etwas, dessen ich eigentlich nicht würdig war." (Krück von Poturzyn, 1968, S. 32)

Diese Aussage ist in vielen Richtungen interpretierbar. Wenn ich im Folgenden versuche zu verstehen, was in diesen Momenten in Theodora Kunert wohl vorgegangen sein mag, ist mir sehr bewusst, dass dieser Versuch notwendigerweise unvollkommen bleiben muss und dass mein Eindruck auch falsch sein kann. Selbstverständlich werde ich nie wissen, wie sich Theodora Kunert gefühlt hat, was in ihr wirklich vorgegangen ist (vgl. Nagel, 1974). Für meine Analyse ist jedoch wichtig, wenigstens zu versuchen, eine Hypothese zur Dynamik zwischen ihr und Steiner zu bilden, wie unvollkommen auch immer diese bleiben wird.

In diesem Bewusstsein der Begrenzung meines Interpretationsversuchs lese ich in ihren Worten zunächst, dass sie ihr schwerkrankes Kind in diesem Moment innerlich loslässt und ihm die Möglichkeit gibt, eine von ihr selbst unabhängige Beziehung zu einem anderen Menschen entwickeln zu lassen, von dem Hoffnung auf Heilung zu erwarten ist. Der Preis für dieses Loslassen scheint mir eine gewisse Entfremdung zu sich selbst zu sein: Während zwischen ihrem kleinen Sohn und Steiner etwas „Geheimnisvolles“ vor sich geht, ist Theodora Kunert als Mutter nur noch Zeugin – und dessen „eigentlich nicht würdig“. Damit stellt sie Steiner weit über sich. Allerdings muss an dieser Stelle angemerkt werden, dass eine ähnliche Tendenz auch im Prozess der Namensgebung von Willfried zu bemerken war, die sie bereits Rudolf Steiner überlassen hatte. Jedenfalls ermöglicht Theodora Kunert dieses Vertrauen in Steiner unter Umständen, von ihm Großes zu erhoffen; dazu unten mehr. In jedem Fall scheint eine Grundstimmung tiefen Vertrauens zu Steiner bestehen („dass da für mich keine Frage existierte“), als Theodora Kunert ca. einen Monat später, am 7./8. März 1924, in dem Bewusstsein, dass es ihrem Kind deutlich schlechter geht, von Steiner befragt wird. Sowohl von ihr selbst als auch von Steiner gibt es eine Darstellung zu dieser Situation. Theodora Krück von Poturzyn hat in diesem Zusammenhang folgenden wörtlichen Dialog dargestellt:[13]

Ich kam ins Ordinationszimmer, er besieht sich das Kind, sagte nichts.

Dann: *Ja, Frau Kunert, fühlen Sie sich denn anders? Ich meine, seit der Geburt? Es fehlt Ihnen etwas körperlich!*

Ich: *Nein!*

Er: *Wie war denn die Schwangerschaft, die Geburt?*

Ich: *Normal.*

Er: *Ja, aber seither merken Sie nicht, dass Sie Ihr Temperament geändert haben?*

Ich denke nach.

13 Ob der Dialog wirklich so stattgefunden hat, wie Theodora Kunert ihn aufgezeichnet hat, ist natürlich heute nicht mehr nachprüfbar. Das Gespräch wurde von Theodora Kunert aus der Erinnerung aufgezeichnet; ob sie sich dabei auf Notizen direkt am selben oder einem der nachfolgenden Tage oder nur auf ihre Erinnerung bezieht, ist mir nicht bekannt. Ich gehe jedoch davon aus, dass sie den Grundduktus korrekt wiedergegeben hat.

Er: *Sie wollen sich nicht gerne aussprechen? Dann bitte nicht, das ist wie ein Brief, den man nicht liest.*

Daraufhin schickte er die Ärztinnen hinaus bis auf Dr. Wegman.

Er: *Hat sich Ihr Temperament geändert in der zweiten Woche nach der Geburt?*

Ich: *Ich bin immer gesund gewesen und bin auch jetzt gesund. Höchstens, dass ich alles schwerer nehme.*

Er: *Was zum Beispiel, wenn ich fragen darf?*

Ich: *Alles, das Leben.*

Er: *Ja, wir müssen Sie zuerst gesund machen, ehe wir das Kind heilen. – Sehen Sie, da war etwas … In Ihrem Körper ist etwas anders seit der Geburt, nicht gleich bei der Geburt, aber zwei bis drei Wochen später … Und das Kind ist zu sehr abhängig von Ihnen … Der Zusammenhang ist zu groß …*

Ich: *Das hab' ich bemerkt.*

Er: *Sie haben sich nach der Geburt immer noch schwanger gefühlt mit dem Kind, immer noch verbunden bis heute.*

Ich: *Nein.*

Er: *Es kann auch umgekehrt sein: Sie fühlten nach der Geburt etwas wie ein Loch in Ihrem Körper, etwas fehlte Ihnen!*

Ich: *?*

Er: *Sie haben Ihre Schwangerschaft wie ein Glück gefühlt?*

Ich: *Jawohl.*

Er: *Und hernach kam eine Leere.*

Ich: *Hernach war alles schwerer.*

Er: *Um dem Kinde zu helfen, müssen wir versuchen, es künstlich zu ernähren – und das sofort. Ich habe gute Hoffnung, dass das Kind gedeiht, sobald es künstlich ernährt wird.*

Nun besteht meines Erachtens zwischen diesen Aufzeichnungen Theodora Kunerts und der Darstellung Steiners im *Heilpädagogischen Kurs* nur eine teilweise inhaltliche Deckung. Dies werde ich im Nachfolgenden begründen. Selbstverständlich bleibt es den Leser:innen überlassen, sich hierzu eine eigene Meinung zu bilden.

Steiner zieht aus dem Gespräch das Fazit, die Mutter von Willfried habe „ihre ganze Verbindung auf jene Gemeinschaft gegründet", sie habe ein „abnormes Seelenleben", das sich dann, „natürlich mit einem tiefen karmischen Zusammenhang", auf das Kind übertrage. (Steiner, 1995, GA 317, S. 122 f.) Es gibt jedoch meines Erachtens in den Aussagen Theodora Kunerts keinerlei Hinweise auf das von Steiner vermutete „abnorme Seelenleben". Vielmehr ist bei genauerer Betrachtung des Gespräches zunächst auffällig, dass von Anfang an nicht das kranke Kind im Mittelpunkt steht, sondern dessen Mutter. Vor dem Hintergrund einer systemischen Betrachtung ist dies auch nicht an und für sich falsch, es bräuchte aber Transparenz gegenüber der Familie, warum Steiner diesen Ansatz wählt.

Weiterhin fällt auf, dass Steiner nahezu keine offenen Fragen stellt, sondern vielmehr von ihm selbst angenommene körperliche und seelische Erlebenszustände von Theodora Kunert benennt. Ein Beispiel ist der Eingangssatz: „Ja, Frau Kunert, fühlen Sie sich denn anders? Ich meine, seit der Geburt? Es fehlt Ihnen etwas körperlich!" Die Frage suggeriert, seit der Geburt fühle sie sich wahrscheinlich anders (was völlig normal ist!) und weiterhin – in Theodora Kunerts Erinnerung sogar als faktische Aussage gespeichert –, es fehle ihr etwas körperlich. Eine offene Frage wäre demgegenüber: „Wie fühlen Sie sich seit der Geburt?" Ein weiteres Beispiel: „Ja, aber seither merken Sie nicht, dass Sie Ihr Temperament geändert haben?" Auch diese Frage ist nicht offen, sondern könnte sogar so erlebt werden, dass sie eigentlich etwas bemerkt haben sollte, was unter Umständen hohen inneren Druck erzeugt. Eine offenere Frage wäre: „Haben Sie seitdem eine Veränderung bemerkt?" Auf eine eventuelle Nachfrage, was er genau meine, könnte dann direkt nach dem Temperament oder der Stimmung gefragt werden.

Trotz dieser wenig offenen Form der Fragestellung bleibt Theodora Kunert ihrer eigenen Wahrnehmung bis zum Ende des Gesprächs treu. Wiederholt verneint sie die in den Fragen eigentlich schon enthaltenen Antworten. Auf die hochsuggestive Feststellung, „Sie haben sich nach der Geburt immer noch schwanger gefühlt mit dem Kind, immer noch verbunden bis heute" sagt sie klar „Nein". Die Frage, ob sie ihre Schwangerschaft wie ein Glück gefühlt habe, bejaht sie, und die anschließende Feststellung, hernach sei eine „Leere" gekommen, beantwortet sie damit, hernach sei alles schwerer gewesen. All dies lässt keineswegs den Schluss eines „abnormen Seelenlebens" in dem von Steiner gemeinten Sinne zu, in dem er ja wiederum eine wesentliche Ursache der schweren Erkrankung Willfrieds sieht. Meines Erachtens ergeben sich aus dem Gespräch keinerlei Hinweise, dass Theodora Kunert nach der Geburt außergewöhnliche Schwierigkeiten gehabt hätte, das Ende der Schwangerschaft zu akzeptieren oder dass eine zu große Abhängigkeit zwischen ihr und ihrem Sohn bestehe. Auf diese inhaltlichen Fragen an die Steiner'sche Diagnose werde ich im nachfolgenden Kapitel 5.4. eingehen. An dieser Stelle sei nur festgestellt: Selbst wenn eine Mutter solche Gefühle hat, wäre das sofortige radikale Abstillen ihres Kindes keine passende Maßnahme.[14]

Insgesamt entsteht jedenfalls der Eindruck, dass Steiner seine Diagnose und die am Ende des Gesprächs verordnete Therapie bereits vorab gefasst hat. Im Sinne einer Hypothese, die es im anamnestischen Gespräch zu überprüfen gilt, wäre dagegen nicht grundsätzlich etwas einzuwenden. Mir scheint jedoch, dass Steiner hier eine vorgefasste Meinung hat und die tatsächlich auf diese erhaltenen Antworten ignoriert. So hat Theodora Kunert keinen Raum, frei zu berichten, wie sie sich wirklich fühlt. Durch die Art der Fragestellung wird ihr vielmehr die Interpretation über die Wahrnehmung ihres eigenen körperlichen und seelischen Erlebens nach und nach entzogen, so dass sie im Anschluss an das Gespräch schließlich auch die Interpretation Steiners übernimmt.

14 Die ersten sechs Monate kann ein Säugling voll gestillt werden, ab dem 7. Monat ist zusätzliche Nahrung nötig, die aber kein Abstillen erfordert. Der Zeitpunkt des Abstillens hängt von den Bedürfnissen des Kindes und seiner Eltern ab.

Knapp vier Monate später, am 3. Juli 1924, berichtete Steiner während seiner Vortragsreihe des *Heilpädagogischen Kurses*: „Man kam auf folgendes, was dann durch Anamnese sichergestellt worden ist, man kam darauf, dass zum Beispiel die Mutter gefragt werden musste: Ja, haben Sie nichts Besonderes Seelisches während der Schwangerschaft gehabt? – Und ich drückte das so aus, dass ich sagte: Ist Ihnen nicht leid gewesen, dass das Kind nicht in Ihnen geblieben ist, sondern zur Welt gekommen ist? – Die Mutter bejahte das. Die Mutter hatte ihre ganze Verbindung auf jene Gemeinschaft gegründet, es war in ihrem Gefühlsleben, es lässt sich so ausdrücken, dass es ihr leid war, dass sie es nicht hat bei sich im Mutterleib behalten können, dass ihr das Kind durch die Geburt entrissen worden ist. Dieses Gefühl, das deutet auf der einen Seite auf einen ganz außerordentlich starken Zusammenhang im karmischen Sinne, und aber auf der andern Seite darauf, dass geradezu damit die Bedingungen gegeben waren, dass im Kinde blieben jene Kräfte, die während der Embryonalzeit wirksam sind. Sie sehen, hier beginnt das abnorme Seelenleben bei der Mutter, und – natürlich mit einem tiefen karmischen Zusammenhang – überträgt es sich auf das Kind." (Steiner, 1995, GA 317, S. 122 f.).

5.4 Analyse von Steiners Diagnose – Inhaltlicher Aspekt

Auch fast vier Monate nach dem Gespräch mit Theodora Kunert hält Steiner also die damalige Diagnose aufrecht. Wie dargestellt, besteht das methodische Problem, dass Steiner seine Diagnose auch auf angebliche Aussagen Theodora Kunerts stützt, die sie, folge ich ihrer eigenen Darstellung, so nicht getroffen hat. Darüber hinaus ist die Diagnose aber auch inhaltlich problematisch. Dabei geht es um zwei Themen: Erstens um die psychologische Situation Theodora Kunerts, und zweitens um die von Steiner angenommene Ursachendynamik für den Hydrozephalus ihres Sohnes Willfried.

Was Theodora Kunerts seelische Situation betrifft, wäre der von Steiner gezogene Schluss eines „abnormen Seelenlebens" selbst dann nicht nachvollziehbar, wenn Theodora Kunert die entsprechenden Antworten tatsächlich gegeben hätte. Denn viele Frauen erleben während und nach einer Schwangerschaft durchaus komplexe Gefühle und Körperzustände, die den von Steiner vermuteten ähneln, allerdings nicht mit der von ihm angenommenen Problemstellung. Eine Schwangerschaft, insbesondere die erste, ist ein einschneidendes Erlebnis. Sie geht einher mit erheblichen Veränderungen der körperlichen und seelischen Verfasstheit, was teils als bereichernd und schön und teils als herausfordernd und unangenehm erlebt werden kann. Nicht wenige Frauen kennen das Gefühl in den letzten Wochen vor der Geburt, es einerseits kaum erwarten zu können, dass das Baby endlich geboren wird (und sie damit u. a. auch ihren Körper wieder als nur ihren eigenen erleben können) – und andererseits, sich kaum vorstellen zu können, wie dieser Zustand, an den sie sich im Lauf vieler Monate endlich gewöhnt haben, zu Ende gehen könnte. Sicherlich spielen bei derartigen, naturgemäß hoch ambivalenten Gefühlen auch die Angst vor der unbekannten Geburtssituation und die Sorge vor den Lebensveränderungen durch das Baby eine Rolle; dies gilt ganz besonders, wenn eine Frau diese Situation erstmals erlebt. Zum anderen ist es völlig normal und dient physiologisch wie psychologisch dem Überleben, dass eine Mutter ihr Kind im ersten Lebensjahr nahe bei sich haben möchte. Eine große Nähe zwischen Eltern und Kind ist auch aus Sicht des Säuglings ausgesprochen sinnvoll, nicht nur, um möglichst hohe Überlebenschancen zu haben. Psychologisch gesehen brauchen Säuglinge eine prompte, zuverlässige und feinfühlige Reaktion der Eltern um zu lernen, ihre eigenen Gefühle und Körperzustände zu regulieren – je jünger, desto prompter. In den ersten Lebensmonaten ist physische Nähe, auch die des Vaters oder anderer Bezugspersonen, eine der nicht zu ersetzenden Bedingungen, die dies ermöglichen. (Grossmann & Grossmann, 2012)

Es ist also möglich, dass Theodora Kunert in Zusammenhang mit Schwangerschaft und Geburt einfach weitverbreitete seelische Erfahrungen machte. Allerdings gibt es auch Hinweise darauf, dass Theodora Kunert tatsächlich eine seelische Krise durchlitt, sowohl nach der Geburt ihres Sohnes als auch in der Zeit in Dornach – wenn auch anderer Art als von Steiner vermutet. Nach der Diagnosestellung am 7./8. März 1924 schreibt sie: „Ich denke, denke nach, und es fällt mir wohl vieles ein, was sich mir vielleicht zu einem deutlichen Bilde formen wird. Es ist ein Stück Lebenskraft von mir gegangen seit August, das fühlte ich wohl … Ich schrieb damals, als Du in Berlin warst, einen Brief an Dich, den ich aber zerriss, in dem ich schrieb: ‚Ich fühle die Krise in meinem Leben, sie betrifft alles, meine Mutterschaft, meine Ehe, meine Freundschaften' oder so ähnlich." (Krück von Poturzyn, 1968; S. 40) Aufgrund ihres bedingungslosen Vertrauens in Steiner stellt Theodora Kunert diese Erinnerung an die Zeit nach der Geburt nun rückblickend in einen Zusammenhang mit der von Steiner erhaltenen Diagnose. Sofern ich mit meiner Hypothese zu ihrer inneren Gesamtsituation seit dem Gespräch am 7./8. März richtig liege, wäre es auch sehr erstaunlich, wenn sie dies nicht täte. Jedoch gibt es selbstverständlich andere mögliche Erklärungen für die Krise Theodora Kunerts seit der Geburt ihres Sohnes als die von Steiner verfolgte und von ihr letztlich übernommene.

Eine Denkmöglichkeit wäre zum Beispiel, dass verschiedene Faktoren für Theodora Kunert nach der Geburt zu einer Depression oder zumindest einer Anpassungsstörung geführt haben könnten: die allgemein sehr unsichere Lebenssituation der Familie Kunert, die hormonellen Veränderungen durch Schwangerschaft und Geburt, die schwere Erkrankung ihres Kindes und schließlich auch die sie massiv erschütternde und Schuldgefühle auslösende Diagnose durch Steiner. Sollte sie wirklich schon vor der Befragung durch Steiner depressive Zustände gehabt haben, wären diese durch den von Steiner suggerierten Zusammenhang zwischen ihrem seelischen Zustand und der Erkrankung ihres Babys unter Umständen erheblich verstärkt worden. Dass meine Interpretation einer eventuellen Depression sich ebenfalls im rein Spekulativen bewegt, ist wiederum deutlich. Insgesamt erhebe ich mit meinem Versuch, die Situation von Theodora Kunert zu verstehen, weder Anspruch auf Vollständigkeit noch auf Richtigkeit, sondern ich versuche, eine alternative Denkmöglichkeit hypothetisch zu benennen.

Wie auch immer Theodora Kunerts seelische Situation aber tatsächlich gewesen sein mag: Was den angeblichen Einfluss Ihrer Situation auf die Erkrankung ihres Sohnes Willfried betrifft, so ist die Idee, ein Hydrozephalus könne durch eine karmisch verursachte „seelische Abnormität" der Mutter eines Kindes ausgelöst werden, meines Erachtens ganz grundsätzlich nicht nachvollziehbar. Selbstverständlich leugne ich dabei nicht den heute bereits intensiv erforschten Zusammenhang zwischen pränatalen Einflussfaktoren und der Gehirnentwicklung eines ungeborenen Kindes. Insbesondere erlebter Stress der Mutter eines ungeborenen Kindes spielt hier eine große Rolle (Van den Berg et al., 2020), und psychische Erkrankungen können zu erheblichem Stress führen. Eine in diesem Sinne belastete Situation während einer Schwangerschaft kann bei einem ungeborenen Kind zu erhöhter Vulnerabilität, auch feinstofflich-neurobiologisch, im Hinblick auf die Entwicklung von Verhaltensauffälligkeiten und später ggf. ebenfalls psychischen Erkrankungen führen – nicht aber zu schweren Fehlbildungen in Rückenmark oder den Zwischenräumen des Gehirns, Infektionen, Hirnblutungen oder Tumoren, kurz gesagt den heute bekannten Ursachen eines Hydrozephalus. Selbst wenn Theodora Kunert also in dem von Steiner beschriebenen Sinne psychisch labil oder krank gewesen wäre, ergibt sich daraus meines Erachtens auf der heute bekannten Einflussebene der seelischen und neurobiologischen Situation zwischen Mutter und Kind keinerlei Hinweis auf die Möglichkeit einer unmittelbar leibbildenden Wirkung in der Dimension wie es die Entstehung eines Hydrozephalus ist.

Nun liegt allerdings der von Steiner insgesamt angenommene Zusammenhang auf einer anderen Ebene. Steiner geht davon aus, dass „das abnorme Seelenleben“ von Theodora Kunert sich, „natürlich mit einem tiefen karmischen Zusammenhang“ (Steiner, 1995, GA 317, S. 122f.) auf ihr Kind Willfried übertrage. Dies wiederum habe, zusätzlich verstärkt durch die Herzerkrankung des Vaters, letztlich zu einem Überwiegen der mütterlichen über die väterlichen Bildekräfte geführt (vgl. Kapitel 4.3).[15] Diese Steiner'sche Darstellung wirft insbesondere zwei Themenkomplexe auf, die jenseits der aktuellen naturwissenschaftlichen Erkenntnisse liegen: Zum einen die Frage der Bildekräfte, zum anderen die Frage von Karma und Reinkarnation. Auch unabhängig von der meines Erachtens falschen Diagnose bezüglich Theodora Kunerts seelischer Situation möchte ich diese Themenkomplexe nicht ganz außer Acht lassen.

Zur ersten Frage möchte ich betonen, dass es mir nicht darum geht, die Möglichkeit einer leibbildenden Wirksamkeit von Bildekräften zu leugnen. Auch wenn ich einen solchen Zusammenhang nach meinem aktuellen Kenntnisstand nicht wirklich beurteilen kann, halte ich die Steiner'sche Betrachtungsweise dazu – das sollte auch in meinen Darstellungen in Kapitel 3 deutlich geworden sein – grundsätzlich für sehr beachtenswert. Jenseits dieser grundsätzlichen Perspektive bleibt bezüglich der Situation der Familie Kunert allerdings das konkrete Problem bestehen, dass Steiner argumentierte, die seelische Situation von Theodora Kunert liege dieser Dynamik zugrunde. Und da gemäß meiner Analyse eine Fehlinterpretation Steiners bezüglich ebendieser seelischen Situation vorliegt, macht es meines Erachtens – auch unabhängig davon, ob eine grundsätzliche solche Dynamik denkbar wäre – nicht viel Sinn, die Fragestellung in *diesem* Zusammenhang weiter zu erörtern.

Die zweite Fragestellung von Karma und Reinkarnation allerdings kann ich in Zusammenhang mit der Diagnose Steiners zur Situation der Familie Kunert nicht gänzlich unbesprochen lassen

15 Weiterhin spricht Steiner davon, es handele sich nicht um einen „gewöhnlichen Hydrozephalus“ (Walter, 1955, S. 40), was sich natürlich heute weder verifizieren noch falsifizieren lässt.

und werde sie an zwei Stellen bearbeiten: In Zusammenhang mit der Thematik der übersinnlichen Wahrnehmung im nachfolgenden Kapitel 6 – und dann erneut in Kapitel 8 im Hinblick auf die oben bereits erwähnte Fragestellung nach einem Zusammenhang zwischen Karma und Behinderung.

5.5 Eine Pioniersituation

Ehe ich mich nun der Frage nach möglichen psychologischen Folgen des am 7. März 1924 stattgefundenen Gesprächs für Theodora Kunert zuwende, scheint es mir – um den damals handelnden Persönlichkeiten annähernd gerecht zu werden – nötig, einen kurzen Blick auf die Gesamtsituation zu werfen, die auch als eine Pioniersituation zu verstehen ist. Theodora Kunert reiste Ende Januar 1924 aus einer ausgesprochen schwierigen Lebenssituation und mit ihrem sehr schwer erkrankten Baby nach Dornach, um Rudolf Steiners Rat zu erhalten. Wie bereits dargestellt, bewegte sie sich dort in einem Kreis von ihr sehr zugewandten Menschen, die ihr einen innerlich wie äußerlich sicheren Ort boten. Sie erlebte, in den Beziehungen zu Rudolf Steiner, Elisabeth Vreede und Ita Wegman aufgehoben zu sein – unter Freunden, denen sie vertraute. Dieses Vertrauen wurde durch nichts erschüttert: Weder durch die Art der Befragung noch durch die therapeutische Verordnung, deren Umsetzung für Theodora Kunert nach eigenem Bericht äußerst schmerzhaft war. Sie hatte sich in vollem Bewusstsein für eine Behandlung entschieden, die ihr im Vergleich zu der damals üblichen und nur symptomatisch ansetzenden Behandlung durch den Balkenstich sinnvoll erschien. Auch Wegman und Steiner hatten ihr keinerlei Versprechungen gemacht, blieben im Gegenteil eher verhalten mit ihrer Prognose; aber der andere Weg war für sie auf jeden Fall nicht gangbar.

Wohl auch auf dieser menschlichen Basis des Erlebens von Einbettung in eine ihr zugetane, heilende Gemeinschaft gelang es

Theodora Kunert letztlich, im Schicksal ihres Sohnes einen Sinn zu finden. Sie hat die schwere, durch Krankheit und Tod ihres Kindes ausgelöste Krise stabil überstanden und eine tiefe Solidarität mit anderen Familien mit Kindern mit einer Behinderung entwickelt, was sich in ihren Aufzeichnungen an den einleitenden Worten zur Situation von Pearl S. Buck und deren Tochter ablesen lässt. (Krück von Poturzyn, 1968, S. 7ff.) Selg schreibt zu diesem inneren Prozess: „Theodora Kunert begriff Willfried Immanuels Weg in den folgenden Jahren und Jahrzehnten ganz offensichtlich immer deutlicher als einen gezielten Opfergang einer großen Individualität – als den Weg eines mutigen Vorreiters und selbstlosen Vorbereiters, ja eines zentralen Mitarbeiters an einer umfassenden Initiative zur Rettung des Menschenwesens und Menschenbildes, das sie in der anthroposophischen Heilpädagogik vorbildlich verwirklicht fand." (Selg, 2006, S. 79)

Wie auch immer Steiner damals vorgegangen sein mag, was auch immer an seiner Wahrnehmung der Situation problematisch war – Willfried Immanuel Kunert und seine Mutter Theodora sind auch in meinen Augen tatsächlich Pioniere der anthroposophisch inspirierten Heil- und Inklusionspädagogik. Sie sind dies zum einen ganz einfach, weil sie in der damaligen Gründungsstunde anwesend waren und so zur Entstehung einer mittlerweile weltumspannenden Bewegung beitrugen. Zum anderen hat der persönliche, von Theodora Kunert vollzogene Prozess einer Sinnfindung im Schwersten eine Tiefendimension, die für viele von ähnlichen Schicksalssituationen betroffene Menschen wegweisend sein kann. Viktor Frankl hat darauf hingewiesen, dass es in jeder noch so existentiellen Situation möglich ist, einen inneren Bezug zur Sinnhaftigkeit der Situation zu entwickeln, dass dies aber eben jeder Mensch auch nur für sich selbst tun kann (Frankl, 2016). Es ist daher nicht nur unmöglich, sondern es wäre auch völlig unzulässig, die persönliche Sinnfindung eines Menschen von außen zu beurteilen oder neu zu interpretieren. Es bleibt eigentlich nur, in Respekt und Hochachtung vor der Person wahrzunehmen, wie sie die

Schmerzen, Hürden und Herausforderungen ihrer Biographie in ein sinnvolles Ganzes gefügt hat.

Dieser Aspekt der Sinnfindung bleibt also von meiner Analyse völlig unberührt. Weiterhin muss, das sollte deutlich geworden sein, jeder Versuch, ein ergänzendes Licht auf die gewordenen Biographien von Willfried und Theodora Kunert zu werfen, hypothetisch bleiben und löst ein inneres Dilemma aus. All dies allerdings ändert wiederum nichts daran, dass der in meiner bisherigen Analyse sowie im folgenden Abschnitt unternommene Versuch eines ergänzenden Blicks für das Erfassen der Gesamtsituation wichtig sein könnte.

5.6 Mögliche psychologische Folgen der Diagnose

Insgesamt ist bemerkenswert, dass Theodora Kunert trotz ihres großen Vertrauens in Steiner während der Fragenbeantwortung ihrer eigenen Wahrnehmung zunächst treu geblieben ist. Dies könnte – konträr zu der von Steiner diagnostizierten „seelischen Abnormität“ – auch als Hinweis auf eine stabile Persönlichkeit gesehen werden, die allerdings durch ihre allgemeine Lebenssituation sowie die Geburt eines schwerkranken Kindes eine akute Lebenskrise durchlitt, was in dieser Situation nicht überraschend ist. Ebenso bemerkenswert – und in Anbetracht ihres Vertrauens in Steiner wenig überraschend – ist, dass Theodora Kunert trotz ihrer fast durchgehenden Verneinung von Steiners Fragen *nach* diesem Gespräch seine Interpretation vollkommen übernimmt. Wie in Abschnitt 4.3 bereits dargestellt, schreibt Theodora Kunert am 9. März an ihren Mann, sie „habe die Schuld, wenn auch die unbewusste, karmische, an Willfried“, sie sei „immer noch so mit ihm verbunden, als ob ich noch mit ihm schwanger wäre … betrachte ihn, unbewusst, nicht als selbständiges Wesen, sondern als Embryo, immer noch in meinem Leib befindlich.“ (Krück von Poturzyn, 1968; S. 41 f.) Theodora Kunert geht nun also davon aus, dass Steiner wohl eine tiefe Erkenntnis über sie habe, während all dies bei ihr selbst, wie sie ihrem Mann schreibt, unbewusst sei: „… denn die Hauptsache ist, dass ich ins Bewusstsein bekomme, was ich getan habe. Noch bin ich blind und fasse es nicht, und das ist wohl gut so, denn ich könnte auf einmal die Ungeheuerlichkeit des eigenen Tuns schwerlich ertragen …" (Krück von Poturzyn, 1968; S. 43). Natürlich können innere Erlebnisse völlig oder ganz unbewusst sein. Allerdings habe ich hier eher den Eindruck, dass Theodora Kunert ursprünglich sehr wohl – wenn auch vermutlich nicht vollbewusst – ein Verständnis davon hatte, was in ihr vorging, dann aber Steiners Interpretation übernahm.

Wie bereits dargestellt, äußerte Theodora Kunert nach dem Gespräch am 7. März 1924, aber auch noch Jahrzehnte später, keinerlei Zweifel an den Aussagen Steiners. Wenn ich nun also versuche, mich hypothetisch in die psychologische Situation Theodora Kunerts hineinzuversetzen, dann rückt diese Tatsache als erstes in den Fokus. An dieser Stelle möchte ich nochmals in Erinnerung rufen, dass sich meines Erachtens weder aus Theodora Kunerts Äußerungen in dem Gespräch noch aus ihren anschließenden Selbstzuschreibungen, im Sinne der von Steiner erhaltenen Interpretation, irgendein realer Hinweis auf eine zu starke Verbundenheit mit Willfried ergibt. Wieso könnte es also dazu gekommen sein, dass Theodora Kunert ihre ursprüngliche und noch in dem Gespräch deutlich geäußerte Wahrnehmung direkt im Anschluss so radikal hintan stellte?

Eine Erklärung könnte meines Erachtens in der Angst und Sorge liegen, in der sie um ihr Kind lebte, während sie gleichzeitig nun in einem Umfeld angekommen war, in dem es ihr grundsätzlich gut ging: bei Freunden, und von Menschen umgeben, an die sie glaubte. Vor dem Hintergrund ihrer bis zu diesem Zeitpunkt sehr schwierigen sonstigen Lebenssituation und der schweren Erkrankung ihres Babys war dies ein echter Zufluchtsort. In dieser Situation gab Steiner ihr seine eindrückliche Interpretation der Situation. Da sie ein unerschütterliches Vertrauen in ihn hatte, war sie geneigt, diese Interpretation anzunehmen. Weiterhin halte ich es zudem für möglich, dass sie durch die Art der Befragung sowie die Tatsache, dass Steiner ihre Antworten nicht in seine Diagnose einfließen ließ, zumindest unbewusst schwere Zweifel an ihrem eigenen körperlichen und seelischen Erleben entwickelte. Eben gerade, weil wir Menschen keinen vollbewussten und kontinuierlichen Zugriff auf unser Gefühlsleben haben, kann in so einer Situation sehr schnell ein neues, und eben auch ein negatives, Selbstbild entstehen.

Wie in Abschnitt 5.3 geschildert, lese ich bereits in der Darstellung Theodora Kunerts nach ihrer ersten Begegnung mit Steiner Zeichen einer Entfremdung von sich selbst und ihrem Kind heraus. Dieser Prozess – eventuell aber auch ein aktiver Akt des Raumgebens – scheint sich nun, nach dem Gespräch vom 7. März, deutlich zu verstärken und mündet letztlich in eine Situation, in der sie keinen anderen Weg mehr sieht, als ihr Baby in die völlige Obhut anderer zu geben – nicht so sehr, weil dies für sie selbst notwendig oder sinnvoll wäre, sondern weil sie nun in dem durch Steiners Aussagen evozierten Gefühl lebte, ihrem Kind zu schaden. Vor diesem Hintergrund ist wenig verwunderlich, dass Theodora Kunert nun schwere Schuldgefühle entwickelt: „Ich habe frevelhaft meine Kräfte gebraucht – aber ich wusste es doch nicht!“ (Krück von Poturzyn, 1968; S. 43) Fünf Tage nach dem hier analysierten Dialog erfährt sie zwar von Steiner in einem weiteren Gespräch, „er habe nicht gesagt, dass Willfried nur mit mir verbunden sei, sondern dass er noch mit den ganzen Schwangerschaftszuständen verbunden sei.“ (Krück von Poturzyn, 1968; S. 45) Steiner hatte also tatsächlich nicht von Schuld, sondern von Zusammenhängen gesprochen. Jedoch ist offensichtlich, dass es für Theodora Kunert in der oben beschriebenen dramatischen Gesamtsituation kaum noch möglich gewesen ist, sich dem Gefühl, für die Situation ihres Sohnes in irgendeiner Art verantwortlich zu sein, zu entziehen. Ich habe den Eindruck, dass Steiner anscheinend überhaupt nicht klar war, was er mit seinen Aussagen bei Theodora Kunert auslösen würde.

An dieser Stelle möchte ich gleich dem möglicherweise auftretenden Einwand vorweggreifen, Theodora Kunert habe eventuell nur deswegen Schuldgefühle entwickelt, weil eben bereits eine seelische Labilität vorgelegen habe, womit Steiners Diagnose eben doch richtig sei. Selbstverständlich könnte sie rein theoretisch eine bereits vorab bestehende und woher auch immer stammende Tendenz zur Entwicklung von Schuldgefühlen gehabt haben – dies ändert aber nichts an der Tatsache, dass die Befragung an sich problematisch war und eine solche Tendenz notwendigerweise verstärkt hätte. Wie dem auch gewesen sein mag – die Richtigstellung kommt zu spät. Wenige Wochen später reist Theodora Kunert in der tiefen Überzeugung, ihrem Sohn zu schaden, aus Dornach ab und verlässt ihn – in der Annahme, damit das für ihn Beste zu tun.

Eine zentrale Frage an dieser Stelle scheint mir, ob Theodora Kunert Steiner nicht nur vertraute, sondern ihn auch unbewusst überhöhte und idealisierte. Sofern dies so gewesen wäre, hätte ihr das ermöglicht, ihre Hoffnung auf Heilung weiterhin bedingungslos auf Steiner zu richten. Eine solche Idealisierung kann als sinnvolle Schutzfunktion im Hinblick auf die große Angst, die sie um ihr Kind gehabt haben muss, verstanden werden. Der Nachteil einer solchen Dynamik wäre dann aber gewesen, dass sie keinerlei Möglichkeit hatte, Steiners Diagnose nach dem Gespräch, in dessen Verlauf ihre angebliche seelische Abnormität konstruiert wurde, zu hinterfragen. Nur ein solcher Abstand hätte ihr aber erlaubt, den schwerwiegenden Eindruck, sie sei verantwortlich für den Zustand ihres Sohnes, trage gar eine „karmische Schuld“, noch einmal zu hinterfragen und damit der Entwicklung von Schuldgefühlen entgegenzuwirken.

Ein weiteres schwerwiegendes Thema ist das große Leid, das sich aus Theodora Kunerts Aufzeichnungen ergibt: „Ich spreche kein Wort mit unserem Kleinen, auch nicht, wenn ich ihn wickle, ich reize ihn nicht zum Lachen, ich gebe ihm nur abends einen leisen Kuss und vielleicht einmal unter Tags. Ich will alles, alles tun für unser Kind, das kannst Du versichert sein. Ich nehme mich zusammen, soweit ich kann, nur manchmal fallen mir die Tränen herunter, wenn ich ihm in dem dunklen Verschlag zu trinken gebe und auf sein seltener werdendes Lachen nicht reagieren darf." (Krück von Poturzyn, 1968; S. 37) Zwar entstand explizites Wissen über unser biologisch basiertes Bindungssystem erst in der zweiten Hälfte des letzten Jahrhunderts (Bowlby, 1958, 2005), aber ich gehe davon aus, dass die meisten Eltern auch damals schon implizit wussten und fühlten, dass ihr Baby existentiell auf Nähe, Resonanz und Sicherheit durch Körperkontakt angewiesen ist. Die verordneten Maßnahmen waren daher mit physischen und seelischen Qualen verbunden und potentiell traumatisierend für Mutter und Kind.

Den Gedanken, dass Theodora Kunert nicht nur entgegen ihrem biologisch tief verankerten Wissen, was eigentlich gut für Ihr Kind gewesen wäre, handeln musste, sondern zusätzlich tiefe Verzweiflung und schwere Schuldgefühle erlebte, finde ich, wenn ich mich als Mutter in sie hineinversetze, sehr schwer erträglich. Einer Mutter, die ihrem lebensbedrohlich erkrankten, sieben Monate alten Baby keinerlei Leid antut, auch nur indirekt nahezulegen, sie schade ihm existentiell durch ihre Anwesenheit und das Stillen, erlebe ich als ausgesprochen problematisch. Ich schreibe dies in dem Bewusstsein, dass Steiner überzeugt war, zu einer möglicherweise lebensrettenden Maßnahme zu raten. Seine Anweisungen beruhten auf einer verzweifelten Hoffnung, das schwerkranke Baby dadurch heilen zu können. Auch ist klar, dass therapeutische Maßnahmen selbstverständlich nicht generell schmerzfrei sein können – man denke an die Nebenwirkungen einer Chemotherapie oder die psychischen Herausforderungen, die im Verlauf einer Psychotherapie entstehen können. Steiner hatte also sicherlich nicht die Absicht, Theodora Kunert und ihrem Sohn zu schaden – im Gegenteil, er hoffte, ihr helfen zu können. Ebenso beabsichtigte er sicherlich in keinem Moment, Theodora Kunert Schuldgefühle zu suggerieren. Das Ergebnis seiner Diagnose und therapeutischen Verordnung allerdings ist deswegen nicht weniger schwerwiegend.

Auch habe ich den Eindruck, dass sich Steiner des erheblichen Machtgefälles zwischen ihm selbst und Theodora Kunert nicht bewusst war, sondern dass er von seiner Diagnose so überzeugt war, dass er nicht wirklich in der Lage war, deren reale Wirkung auf die betroffenen Personen wahrzunehmen. Fast symbolisch wird an der damaligen Gesamtsituation und insbesondere an dem Gespräch zwischen Rudolf Steiner und Theodora Kunert deutlich, wie ambig menschliche Beziehungen sein können – auf der einen Seiten heilend, auf der anderen Seite verwundend.

In Anbetracht der Dramatik der Situation der Familie Kunert und der drastischen Maßnahmen, die Steiner damals verordnete, ist sehr auffällig, dass diese Situation bisher hinsichtlich der in diesem Text sichtbar werdenden Problematik der Steiner'schen Diagnose gänzlich unbesprochen geblieben ist. Die Gründe für dieses bisherige Schweigen sind sicherlich sehr komplex. Neben den bereits beschriebenen Hindernissen innerhalb der anthroposophischen Bewegung, sich mit der Anthroposophie und ihrem Begründer Rudolf Steiner kritisch auseinanderzusetzen, könnte auch das von mir ja ebenfalls erlebte ethische Dilemma eine Rolle gespielt haben, eine so tief persönliche Situation von Menschen, die dazu jetzt nichts mehr äußern können, überhaupt zu interpretieren. Ein weiterer Grund könnte in der letztlich verwirrenden Verschachtelung der durch Steiner beschriebenen, angeblichen Zusammenhänge liegen. Unter Umständen erschienen diese in ihrer Vielschichtigkeit so beeindruckend, dass es für seine damaligen Zuhörer:innen kaum möglich war, diese zu erfassen, geschweige denn kritisch zu hinterfragen. Da ist der in Kapitel 5.2 dargestellte Schluss mancher Menschen, selbst eben noch nicht weit genug entwickelt zu sein, um Steiners Einsichten zu verstehen, schnell gezogen … Ähnlich mag es Theodora Kunert ergangen sein, die letztlich die von Steiner getätigten Äußerungen in ihre Selbstwahrnehmung und ihre Entscheidungen übernahm, obwohl diese, folge ich ihren Aufzeichnungen und den darin dokumentierten Antworten, nicht ihrer ursprünglichen Selbstwahrnehmung entsprachen.

6. Übersinnliche Wahrnehmung und Irrtum

6.1 Steiners Diagnose im Kontext übersinnlicher Wahrnehmung

Unabhängig von dem persönlichen Leid und dessen psychologischer Interpretation steht die Situation von Willfried und seiner Mutter Theodora Kunert im *Heilpädagogischen Kurs* deutlich im Kontext des Punkt-Kreis-Motivs und der Punkt-Kreis-Meditation. Daher werde ich in den beiden folgenden Abschnitten versuchen, die Ergebnisse meiner Analyse dazu in Beziehung zu setzen. Zunächst ist dazu ein Blick auf die Frage einer möglicherweise übersinnlichen Wahrnehmung Steiners zur Situation von Willfried und Theodora Kunert wichtig. Denn einer der Haupteinwände gegen meine Analyse könnte nun sein, dass Steiner sich eben auf übersinnliche, für Theodora Kunert nicht wahrnehmbare Realitäten beziehe. So interpretierte es, wie ich dargestellt habe, letztlich wohl auch Theodora Kunert selbst. Da ich selbst grundsätzlich davon ausgehe, dass eine übersinnliche Wahrnehmung möglich (wenn auch nicht irrtumsfrei) ist, ergeben sich an dieser Stelle drei Fragen. Zum einen: Welche Hinweise gibt es, dass Steiner tatsächlich von einer übersinnlichen Wahrnehmung zur Situation von Willfried und seiner Mutter ausging? Zum anderen: Sofern Steiner tatsächlich versuchte, eine übersinnliche Wahrnehmung zu erlangen – welche konkreten Wege wäre er möglicherweise gegangen, um dies zu erreichen? Und drittens, welcher Zusammenhang besteht zwischen einer evtl. auf diesem Wege gewonnen Wahrnehmung Steiners und seiner Diagnose zur Situation Willfrieds und seiner Mutter Theodora?

Bezüglich der ersten Frage, ob Steiner davon ausging, eine übersinnliche Wahrnehmung zu haben, gibt es zunächst die einfache Tatsache, dass Steiner von einem „karmischen Zusammenhang" spricht; eine Erkenntnis dazu kann per se nur mittels Methoden gewonnen werden, die einen Einblick in derartige, sinnlich nicht unmittelbar wahrnehmbare Zusammenhänge geben. Daher gehe ich davon aus, dass Steiner davon überzeugt war, eine Kenntnis auf dieser Ebene erlangt zu haben. Auch sein Umfeld war wohl davon überzeugt. Aus Theodora Kunerts Aufzeichnungen schließe ich, dass diese Überzeugung letztlich so hoch war, dass sie darüber ihre eigene Wahrnehmung vollkommen hintanstellte.

Bezüglich der zweiten Frage gehe ich davon aus, dass die im *Heilpädagogischen Kurs* überlieferten Aussagen Steiners zur Situation von Willfried und Theodora Kunert zwar zentrale Elemente enthalten, nicht aber jeden inneren Schritt offenbaren, den Steiner vielleicht versucht hat. So lässt sich selbstverständlich nicht mit letzter Sicherheit beantworten, welche Wege Steiner genommen hat, um zu einer übersinnlichen Erkenntnis zu dieser Situation zu gelangen. Nichtsdestotrotz ist es möglich (und für meine Fragestellung wichtig), die vorhandenen Hinweise im *Heilpädagogischen Kurs* genauer zu betrachten.

Wie in Abschnitt 3.1 dargestellt, stellt Steiner im 11. Vortrag einen sehr klaren Bezug zwischen der Situation von Willfried, seiner Mutter, dem Punkt-Kreis-Motiv sowie der Punkt-Kreis-Meditation her: „Denken Sie nur, welch weiter Weg von der Goethe'schen Metamorphosenlehre hin ist zu jener Metamorphosenlehre, die dadurch eintritt, dass Sie hier ein einjähriges normales Kind zu dem metamorphosisch umgebildet finden, was da vor einigen Tagen als Riesenembryo vor Ihnen gelegen hat. Das ist die retardierende Metamorphose, das Zurückhalten des Embryonalzustandes." (Steiner, 1995, GA 317, S. 174)

Unmittelbar an diese Beschreibung seiner Wahrnehmung schließt Steiner dann an, diese Einsicht sei durch die Punkt-Kreis-Meditation zu erlangen: „Aber das erlangen Sie als Einsicht, meine lieben Freunde, wenn Sie gerade diese Meditation immer wieder und wieder machen, die ich Ihnen gestern gegeben habe, indem ich Ihnen sagte: Hier ist ein Kreis, hier ist ein Punkt, da ist der Kreis Punkt, da ist der Punkt Kreis und so weiter (siehe Tafel 14). Lassen Sie immer wieder und wiederum in Ihrer Meditation den Punkt in den Kreis hineinschlüpfen, den Punkt zum Kreise sich ausdehnen, und spüren Sie dabei das Entstehen der Gliedmaßen-Stoffwechselorganisation aus der Kopforganisation. Bringen Sie es bis dahin, dass Sie den Kopf empfinden, wenn Sie sich sagen: Der Punkt ist Punkt, der Kreis ist Kreis. – Spüren Sie, dass Sie vom Kopf heruntergleiten zum Stoffwechselsystem, wenn Sie sich sagen: Der Punkt ist Kreis, der Kreis ist Punkt –, das Umgekehrte. Dann werden Sie die ausgebildete Metamorphosenlehre darinnen haben und Sie werden sich sagen können: Durch diese ganze Art des Denkens, die hervorruft die Anthroposophie, wird es erst möglich, in die Minderwertigkeit[16] der Kinder eine Anschauung hineinzubringen. Das haben wir in diesen Vorträgen versucht." (Steiner, 1995, GA 317, S. 174 f.) Das heißt, Steiner misst der Punkt-Kreis-Meditation ein konkretes diagnostisches Potential zu – und sieht dies auch im Hinblick auf seine Diagnose zu Willfried als gegeben an.

An dieser Stelle ist wichtig, sich noch einmal in Erinnerung zu rufen, welche Dynamiken Steiner in Zusammenhang mit dem Punkt-Kreis-Motiv sieht, und welche Bedeutung er diesen Dynamiken in Zusammenhang mit dem Hydrozephalus von Willfried zumisst. Zum einen stehen Kopf und Gliedmaßen sowohl zum Punkt als auch zum Kreis in Beziehung. Steiner sieht den Kopf mit seiner kugeligen Form als Abbild des Kosmos, der die gesamte Wirklichkeit „spiegeln" kann. Zugleich wird er, so beschreibt Steiner es in der *Allgemeinen Menschenkunde*, vom Kosmos „ausgestoßen": „Der Mensch hat durch die Antipathie des Kosmos seine Hauptesbildung. Wenn dem Kosmos sozusagen gegenüber dem,

---

16 Zum Gebrauch des Begriffs „Minderwertigkeit" und anderer heute nicht mehr akzeptabler Begriffe durch Steiner im Verlauf des *Heilpädagogischen Kurses* vgl. Domeyer (2009).

was der Mensch in sich trägt, so stark ‚ekelt', dass er es ausstößt, so entsteht dieses Abbild. Im Kopfe trägt wirklich der Mensch das Abbild des Kosmos in sich. Das rund geformte menschliche Haupt ist ein solches Abbild." (Steiner, 2019a, GA 293, S. 50) Daher sind im Kopf sowohl die Kreis-Geste (quasi unendliche, kosmische Wirklichkeit) als auch die Punkt-Geste (vollendete, sozusagen punktuell Form gewordene irdische Wirklichkeit) zu finden. Die Gliedmaßen wiederum können punktuell-konkret Handlungen ausführen und sind zugleich in einer Art Kreis-Geste als Radien der Kugel mit dem ganzen Kosmos verbunden (vgl. Abschnitt 2.2). Auch hier ist der Kreis ein Punkt, und der Punkt ist ein Kreis, und deren zunächst scheinbar polares Verhältnis ist in dynamischer Bewegung.

Zum anderen sieht Steiner eine Verbindung zwischen Kosmos, Kopf und der mütterlichen Seite und eine Verbindung zwischen Erde, Gliedmaßen und der väterlichen Seite (vgl. Abschnitt 4.3). Wie in Abschnitt 4.3 dargestellt, war Steiner in diesem Zusammenhang der Meinung, Willfrieds Situation sei verursacht durch ein Überwiegen der von der mütterlichen Seite beeinflussten kosmischen Kopfkräfte gegenüber den von der väterlichen Seite beeinflussten irdischen Gliedmaßenkräften. Aus obigem Zitat aus dem 11. Vortrag des *Heilpädagogischen Kurses* geht nun eindeutig hervor, dass Steiner überzeugt war, dass sich solche Zusammenhänge durch die Punkt-Kreis-Meditation erfassen ließen. Vor dem Hintergrund seiner grundlegenden Annahme, dass ursprünglich geistige Prozesse konstitutionell-leibbildend sind, ist dies meines Erachtens auch schlüssig. Steiner stellte also zumindest gedanklich einen Bezug zwischen dem allgemeinen Bild von Punkt und Kreis und der konkreten Situation von Willfried her.

Darüber hinaus sieht Steiner die Punkt-Kreis-Meditation auch allgemeiner als eine zentrale Grundlage für eine Erkenntnis übersinnlicher Zusammenhänge. Darauf deutet eine Passage aus dem 12. Vortrag des *Heilpädagogischen Kurses* hin, in der Steiner eindrücklich beschreibt, was geschieht, wenn die Punkt-Kreis-Meditation zur Wahrnehmung einer übersinnlichen Welt führt: „Sie werden dasjenige, was Sie so mit einer gewissen Orientierung in sich als Meditation üben, in seiner Fruchtbarkeit dadurch sehen, dass Sie wie in absentia corporis in Ihrem Fühlen, in Abwesenheit des Körpers, wie in einem astralen Wellenbade weitergetrieben werden, hineingetrieben werden in eine Welt, die sich eben leise wellend vor Sie hinstellt und Ihnen die Möglichkeit gibt, Dinge um sich herum zu sehen, die Ihnen dann Antwort geben auf Ihre Fragen." (Steiner, 1995, GA 317, S. 183)

Vor dem Hintergrund dieser Darstellung erscheint zumindest wahrscheinlich, dass Steiner selbst auch auf diesem Weg versucht hat, in eine übersinnliche Wahrnehmung der Situation von Willfried und Theodora Kunert zu gelangen. Ob es tatsächlich so war oder nicht, und ob Steiner zusätzlich auch andere Methoden gewählt hat, ist nicht abschließend zu klären. Aufgrund der Äußerung gegenüber Theodora Kunert, die Krankheit liege „ganz offen", und er „sehe klar, was ihm fehlt" (Krück von Poturzyn, 1968, S. 32), entstand damals jedenfalls wohl der Eindruck, dass Steiner einen besonderen Einblick in die Situation gehabt habe. Wie in Abschnitt 5.2 dargestellt, gehe ich persönlich davon aus, dass Steiner zwar auf der Grundlage seiner systematischen Schulung zeitweise eine feinere Wahrnehmung hatte als manch andere Menschen, jedoch keineswegs einen steten, unmittelbaren und dauerhaften Zugang zu einer umfassenden und unfehlbaren übersinnlichen Erkenntnis. Ich gehe weiterhin davon aus, dass er eine solche auch nicht angestrebt hat, sondern dass er Anthroposophie als einen graduellen Prozess, eine Art dauerhaften Wahrnehmungs-Versuch, verstanden hat, in dem Irrtümer nicht nur möglich, sondern wahrscheinlich sind (vgl. Steiner, 2017a, GA 69e, S. 140).

Damit komme ich zu meiner dritten Frage, welcher Zusammenhang zwischen einer evtl. auf diesem Wege gewonnen Wahrnehmung Steiners und seiner Diagnose zur Situation Willfrieds und seiner Mutter Theodora besteht. Bei dieser Fragestellung ist es nötig, deutlich zwischen den Ebenen zu unterscheiden, die in

Steiners Diagnose enthalten sind. Ich selbst habe weder eine direkte Möglichkeit, Steiners übersinnlichen Erkenntnisprozess zu beurteilen, noch, inwiefern er mit seinen Aussagen zur *karmischen* Situation zwischen Willfried und seiner Mutter tatsächlich eine Wirklichkeit, zumindest teilweise, erfasste. Dazu treffe ich also keine Aussage. Mir ist durchaus bewusst, dass Steiner die karmische Situation als die eigentlich wesentliche – und daher letztlich auch Theodora Kunerts seelische Situation verursachende – sieht. Aufgrund meiner Analyse halte ich allerdings aufrecht, dass die inneren Erlebnisse und Verhaltensweisen Theodora Kunerts, auf die Steiner sich in seiner Diagnose bezieht, an und für sich nicht als „abnorm" einzuordnen sind und auch nicht Ursache des Hydrozephalus ihres Sohnes gewesen sein können. Demnach könnte also der von Steiner so benannte „außerordentlich starke Zusammenhang im karmischen Sinne" existieren – ohne allerdings Ursache eines angeblich „abnormen Seelenlebens" von Theodora Kunert zu sein. Dann hätte Steiner zwar gesehen, dass es eine karmische Beziehung innerhalb der Familie Kunert gab, hätte sich jedoch bezüglich deren Dynamik geirrt.

Diese Überlegungen treffe ich unter anderem vor dem Hintergrund, dass ich Steiners Aussagen zu möglichem Irrtum im Erkenntnisprozess so verstehe, dass es durchaus möglich ist, einen Teil der übersinnlichen Wirklichkeit zu erfassen, selbst wenn andere Aspekte in dem Moment gar nicht, nur teilweise oder sogar falsch erfasst werden. Ich halte es sogar für sehr wahrscheinlich, dass Steiner selbst im Hinblick auf die Situation von Willfried davon ausging, die Situation nicht ganz zu verstehen. Dies würde erklären, warum er Theodora Kunert am 7./8. März nochmals befragte. Er könnte intendiert haben, seine (übersinnlichen?) Wahrnehmungen durch die Befragung und eine erneute Anschauung zu überprüfen bzw., sofern er sich seiner Wahrnehmung zu diesem Zeitpunkt noch nicht ganz sicher war, über die erneute Anschauung der Personen zu einer solchen Wahrnehmung zu kommen; dies entspräche seiner Überzeugung, dass die geistige

Wirklichkeit sich in den physischen und seelischen Erscheinungen zeigt. Auch Steiners Aussagen im *Heilpädagogischen Kurs*, die Mutter habe seine Frage, ob es ihr leid gewesen sein, das Kind nicht im Mutterleib behalten zu können, bejaht, lässt darauf schließen, dass ihm diese Überprüfung wichtig gewesen ist.

Umso erstaunlicher bleibt daher, dass er die Antworten Theodora Kunerts für seine anschließende Diagnose und Verordnung fast durchgängig ignorierte und im *Heilpädagogischen Kurs* sagte, Theodora Kunert habe seine Fragen bejaht. Warum eine Befragung unternehmen, wenn die Antworten nicht in eine neue oder zumindest angepasste Wahrnehmung münden? Wie oben bereits dargestellt, scheint mir ein ähnlicher Widerstand gegen neue Erkenntnisse auch in Zusammenhang mit Steiners Vermutung, die Gebärmutter von Theodora Kunert habe sich nach der Schwangerschaft nicht zurückgebildet, vorzuliegen. Obwohl diese Vermutung widerlegt wird, bleibt Steiner bei seiner Darstellung, „die Mutter (habe) das Kind mit großer Wollust getragen“ (Walter, 1955, S. 40), wodurch er erneut einen Zusammenhang mit dem Thema Gebärmutter herstellt. Es ist frappierend, dass Steiner sich hier von seiner Interpretation auch durch gegenläufige Informationen nicht abbringen lässt.[17]

Diese Situation, dass der tatsächliche körperliche Zustand oder die Wahrnehmung Theodora Kunerts zu ihrer eigenen Situation für Steiners Diagnose letztlich so gut wie keine Rolle zu spielen scheinen, lösen bei mir eine Reihe an Fragen aus: Liege ich doch falsch, wenn ich vermute, dass Steiner selbst davon ausging, dass auch eine übersinnliche Wahrnehmung nochmals an der Wirklichkeit der Betroffenen zu überprüfen sei? Wollte er Theodora Kunert eigentlich nur erklären, was er aus seiner Perspektive längst ganz

17 Ein Grund dafür ließe sich in den damaligen, männlich geprägten, Vorstellungen über Frau-Sein, Schwangerschaft und Geburt sehen, von denen Steiner sicherlich mit beeinflusst war und durch die auch seine Versuche einer übersinnlichen Wahrnehmung zur Situation von Willfried zumindest teilweise überlagert worden sein könnten.

sicher erkannt hatte? Oder war Steiner unabhängig davon so beeindruckt von den inneren Bildern von Punkt und Kreis, bei denen er eine so hohe Korrespondenz zur Situation Willfrieds sah, dass er die Antworten Theodora Kunerts an seine Bilder anpasste statt umgekehrt ihre Antworten zu nutzen, um seine Bilder zu hinterfragen? Dies bleiben zunächst offene Fragen. Nichtsdestoweniger habe ich jedoch auf Grundlage meiner Analyse der Situation den Eindruck, dass Steiner hinsichtlich der Situation von Willfried und seiner Mutter sicherlich keine umfassend richtige übersinnliche Wahrnehmung hatte, sondern aus falsch interpretierten Beobachtungen mindestens teilweise unzutreffende Schlüsse mit schwerwiegenden psychologischen Konsequenzen für die Betroffenen gezogen hat. Was aber könnte dazu geführt haben, dass Steiner zu falschen Schlüssen kam?

6.2 Wahrnehmung und Irrtum im Fall von Willfried Immanuel und Theodora Kunert

Wahrnehmung an sich ist – wie auch Steiner umfassend dargestellt hat (Steiner, 2019a, GA 293) – nicht absolut (vgl. Kipke, 2021, S. 15). Es ist ganz einfach unmöglich, unsere komplexe dingliche, soziale und vielfach interagierende Umwelt vollkommen wahrzunehmen. Zusätzlich wechselt unser Bewusstsein zwischen den drei Grundqualitäten Schlaf, Traum und Wachbewusstsein, und selbst innerhalb des scheinbaren „Wachbewusstseins" erleben wir graduell unterschiedliche Zustände. Oft denken wir, wir seien im Wachbewusstsein, in Wirklichkeit jedoch ragen „schlafende" oder „träumende" Elemente in dieses hinein. Dies gilt insbesondere für das alltägliche Bewusstsein, in dem wir z. B. durch frühere Wahrnehmungen und Erlebnisse, aber auch durch unsere Psychodynamik (z. B. unbewusste Abwehrmechanismen gegen Angst) beeinflusst werden. Diese Situiertheit von Wahrnehmung aufgrund von Vorinformationen ist von der Sozialpsychologie umfassend erforscht worden: Gestaltgesetze, Vorinformationen, Vorurteile, seelische oder physische Verfasstheit in einer bestimmten Situation beeinflussen das, was wir wahrnehmen oder aufgrund unserer Erfassungsmöglichkeiten in einem gegebenen Moment für „wahr“ halten, erheblich. Derartige Einflüsse auf unsere Wahrnehmung gehen zudem in ihrer Wirkung über die eigene Person weit hinaus und können sogar Verhalten beeinflussen: Was ich über eine andere Person für wahr halte, kann deren Selbstkonzept, Gefühlswelt und Verhaltensmöglichkeiten in einer gegebenen Situation erheblich beeinflussen – ein Phänomen, das unter dem Stichwort „sich selbst erfüllende Prophezeiung“ bekannt geworden und vielfach erforscht worden ist (Biggs, 2011). Auch nur einen Aspekt von dem, was in einem gegebenen Moment in einer bestimmten Form existiert, einigermaßen richtig wahrzunehmen, erfordert also kontinuierliche Selbstreflexion und aktives Abgleichen mit der Wahrnehmung anderer. Dass die Gefahr irrtümlicher „Wahrnehmungen“ durchaus auch, und sogar mehr, im Feld der übersinnlichen Wahrnehmung besteht, hat Steiner deutlich beschrieben (siehe Abschnitt 5.3). Da Steiner aus seinen eigenen übersinnlichen Erfahrungen berichtet hat, ist meines Erachtens davon auszugehen, dass er auch hier von eigenen Erlebnissen spricht. Demnach könnte Steiners Versuch, zur Situation von Willfried und Theodora Kunert eine übersinnliche Wahrnehmung zu erlangen, eben auch zu teilweise richtigen und teilweise falschen Ergebnissen geführt haben.

Steiners Diagnose zur Situation der Familie Kunert wäre folglich nicht das unanfechtbare Ergebnis einer übersinnlichen Wahrnehmung, sondern sie könnte von verschiedensten Elementen beeinflusst worden sein, die ihm mehr oder weniger bewusst waren; dazu könnten gehören:

- die damals verfügbaren medizinischen Informationen zur Erkrankung Hydrozephalus;
- die ihm verfügbaren faktischen Informationen zur Situation der Familie Kunert;

- seine unmittelbare Wahrnehmung von Willfried und Theodora Kunert während der Konsultationen;
- seine vermutlich eher historisch und kulturell geprägten Vorstellungen über Frau-Sein, Schwangerschaft und Geburt – Erfahrungen, die ihm als Mann nicht unmittelbar zur Verfügung standen;
- seine Erkenntnisse zur Menschenkunde, insbesondere zur Dynamik von Punkt und Kreis;
- seine Grundannahmen über Reinkarnation und Karma;
- seine inneren Bilder auf Basis seines Versuchs einer übersinnlichen Wahrnehmung der Situation.

Vor dem komplexen Hintergrund dieser – sicherlich auch einer sehr geschulten Person in einem gegebenen Moment nur teilweise bewussten und sich wechselseitig beeinflussenden – Elemente musste Steiner in wenigen persönlichen Begegnungen mit Willfried und Theodora Kunert schwerwiegende therapeutische Entscheidungen treffen; es ging um Leben und Tod, die schulmedizinisch damals einzig mögliche Alternative war keine gute (Arbeitsbereich Pädiatrische Neurochirurgie, 2024; Demerdash et al., 2016), und die Erwartungen der betroffenen Menschen, aber auch seines eigenen Umfeldes, waren vermutlich hoch. Ihm war bewusst, dass er mit der vorgeschlagenen Therapie eventuell keinen Erfolg haben würde. An seiner Diagnose scheint Steiner, nach Quellenlage, zwar keine Zweifel gehabt zu haben; es ist allerdings auch denkbar, dass dieser Eindruck täuscht und teilweise der unkritischen Rezeption seines Umfeldes geschuldet ist. Sollte ich aber mit meiner Analyse auf der richtigen Spur sein, ist unabhängig davon zu klären, wie das Zusammenspiel der obengenannten Faktoren zu einer Fehldiagnose geführt haben könnte. Dieser Frage wende ich mich nun zu.

Innerhalb von Steiners monistischem Ansatz entsteht auch übersinnliche Wahrnehmung nicht unabhängig von der sinnlichen Realität. Zwar ist es gemäß Steiner möglich, durch systematisches

Vorgehen, ein „sinnlichkeitsfreies Denken“ (Steiner, 2021a, GA 13, S. 342) zu erlangen, jedoch beschreibt Steiner den methodischen Weg dahin immer wieder auch ausgehend von der sinnlichen Wahrnehmung, z. B. in der Samenkornmeditation (Steiner, GA 13, 2021a, S. 60). Auch in der *Allgemeinen Menschenkunde* bzw. im *Heilpädagogischen Kurs* entstehen menschenkundliche Erkenntnis und Diagnostik immer auch auf der Basis der Anschauung physischer Wirklichkeit.

Im Fall von Willfried bildet der große Kopf den Ausgangspunkt der Betrachtung. Steiner bezeichnet den einjährigen Willfried als ein „Riesenembryo“, es handele sich um einen „radikalen Fall von Infantilismus … (der) so weit geht, dass die Embryonalorganisation beibehalten ist.“ (Steiner, 1995, GA 317, S. 121) Wie in Abschnitt 4.2 dargestellt, geht Steiner davon aus, dass während der Embryonalzeit innerhalb der Gebärmutter v. a. kosmische Kräfte wirken und zwar insbesondere auf die Entwicklung des Kopfes. Diese Kräfte seien bei Willfried nach der Geburt weiterhin stark ausgeprägt, „sie behalten die Überhand über dasjenige, was an Stärke hätte mitgegeben werden sollen, an Kräften, die sonst das Kind bekommt für die irdische Entwickelung, für die Entwickelung des Gliedmaßen-Stoffwechselsystems.“ (Steiner, 1995, GA 317, S. 122) Steiners Ursachensuche führt ihn in seiner Darstellung im *Heilpädagogischen Kurs* zunächst zu der Befragung der Mutter, bei der diese bestätigt habe, es sei ihr Leid gewesen, dass das Kind nicht in ihr geblieben, sondern zur Welt gekommen sei. Dieses von ihr angeblich geäußerte Gefühl deute „auf der einen Seite auf einen ganz außerordentlich starken Zusammenhang im karmischen Sinne, und aber auf der andern Seite darauf, dass geradezu damit die Bedingungen gegeben waren, dass im Kinde blieben jene Kräfte, die während der Embryonalzeit wirksam sind. Sie sehen, hier beginnt das abnorme Seelenleben bei der Mutter, und – natürlich mit einem tiefen karmischen Zusammenhang – überträgt es sich auf das Kind.“ (Steiner, 1995, GA 317, S. 122 f.)

Da Steiner weiterhin davon ausgeht, „dass gerade die Gliedmaßenorganisation vom Vater am stärksten, während die Kopforganisation von der Mutter am stärksten beeinflusst wird" (Steiner, 1995, GA 317, S. 123), sieht er im Herztod des Vaters von Willfried einen möglichen Hinweis darauf, „dass unter Umständen ein Unvermögen, die Kräfte der väterlichen Organisation in die Gliedmaßen hineinzubringen, schon ins Kind übergeht, daher die Kopfesorganisation von der Mutter ins Ungeheure getrieben wird. Jetzt haben Sie die Rückerklärung, warum die Mutter das Kind im Mutterleibe liebt, weil das Kind wenig väterliche Erbkräfte mitbekommen hat, weil die Mutter die Hauptsache dazu geben konnte." (Steiner, 1995, GA 317, S. 123)

Die von Steiner dargestellten Zusammenhänge sind vielschichtig; ob sie von den Zuhörenden ganz richtig aufgezeichnet wurden, ist ungewiss. Ich halte es trotzdem für nötig hier anzumerken, dass vor dem Hintergrund der verfügbaren Darstellung im *Heilpädagogischen Kurs* nicht klar ist, welchen Zusammenhang genau Steiner gesehen haben will. Klar ist, dass er der Mutter unterstellt, ihr Kind im Mutterleib halten zu wollen. Wie in Abschnitt 4.2 dargestellt, halte ich dies für eine Fehlinterpretation. Klar ist auch, dass er karmische Gründe als Ursache sieht. Unklar ist aber, warum Steiner im Fall des Vaters nur den physischen Herzfehler als Ursache dafür nennt, dass die über den Vater wirkenden Kräfte zur Gliedmaßenbildung nicht stark genug gewesen seien und „daher" (!) die über die Mutter wirkenden Kräfte zur Kopfbildung zu stark hätten wirken können. Offen bleibt zum Beispiel, welche seelisch-geistige Ursache der Herzfehler haben könnte und weiterhin, ob auch eine karmische Situation zwischen dem Vater und Willfried oder auch zwischen Vater und Mutter vorliegen könnte. Diese Feinheit ist durchaus wichtig, weil sich obige Stelle zunächst so liest (und Theodora Kunert es ja auch so verstanden hat), dass die Ursache des Hydrozephalus im „abnormen Seelenleben" der Mutter Willfrieds liege, während sich die dann folgende Darstellung in Zusammenhang mit dem Vater so liest, als seien dessen schwache Gliedmaßenkräfte die Voraussetzung dafür, dass sich die mütterlichen

Kopfkräfte überhaupt so entfalten konnten. Steiner spricht hier sogar von einer „Rückerklärung, warum die Mutter das Kind im Mutterleibe liebt, weil das Kind wenig väterliche Erbkräfte mitbekommen hat". Was genau er damit meint, bleibt meines Erachtens völlig unklar. Hat sich Theodora Kunerts „abnormes Seelenleben" erst so entfaltet, weil ihr Kind „wenig väterliche Erbkräfte mitbekommen hat"? Wenn ja, warum spricht Steiner dann nur davon, dass sich das „abnorme Seelenleben" der Mutter „natürlich mit einem tiefen karmischen Zusammenhang" auf das Kind übertrage? Müsste dann nicht auch ein Zusammenhang zwischen den Erbkräften des Vaters und dem Sohn bestehen? Wie genau sieht Steiner den Zusammenhang zwischen Vater, Mutter und Sohn hinsichtlich der geistigen und karmischen Ursachen? Dies sind Fragen, die sich mir stellen, wenn ich versuche, Steiner zu folgen.

An dieser Stelle möchte ich ein mögliches Gegenargument gleich entkräften: Es erscheint mir unwahrscheinlich, dass die Unklarheit oder fehlende Konkretisierung daher stammen könnten, dass Steiner nicht alle ihm bekannten Zusammenhänge darstellte, um die betroffenen Personen zu schützen; schließlich sind die beschriebenen Zusammenhänge schon an sich sehr intim. Doch selbst wenn es so gewesen sein sollte, läge hier eine methodische Problematik vor; denn offensichtlich führten die gegenüber Theodora Kunert getätigten Äußerungen unter anderem auch zu einer schweren Belastung, von Schutz kann daher nicht die Rede sein. Insgesamt erscheint mir angesichts der Unklarheiten bezüglich der Zusammenhänge zwischen geistigen Ursachen, leiblichen Erscheinungsformen sowie der Dynamik zwischen Mutter, Vater und Kind nicht verwunderlich, dass Theodora Kunert nach der Befragung durch Steiner am 7./8. März 1924 geschlossen hat, sie sei für die Situation alleine und direkt verantwortlich. Unabhängig davon vertrete ich, wie in Kapitel 5 dargestellt, dass das Seelenleben von Theodora Kunert keineswegs „abnorm" gewesen sein muss.

Ich habe oben argumentiert, dass Steiners Wahrnehmung zu Theodora Kunert vermutlich durch seine Vorannahmen geprägt war und dass diese zu einer erheblichen Verzerrung seiner Diagnose führten. Aufgrund des eben Dargestellten stellt sich mir nun die Frage, ob dies nicht auch auf das Bild von Punkt und Kreis *in dieser konkreten Situation* zutreffen könnte: War der von Steiner hergestellte Bezug zwischen der Situation von Willfried und seinen Eltern und dem Bild von Punkt und Kreis wirklich Ergebnis einer umfassenden übersinnlichen Wahrnehmung der Situation? Oder wurde nicht vielmehr – unter dem Eindruck des großen Kopfes von Willfried – das Bild auf die Situation „angewandt"? Ich vermute, dass eher Letzteres der Fall war.

Aufgrund meiner Analyse in diesem Abschnitt gehe ich also davon aus, dass Steiners Diagnose zur Situation von Willfried und seinen Eltern nicht das Ergebnis einer umfassenden übersinnlichen Wahrnehmung darstellte. Vielmehr habe ich den Eindruck, dass es nicht nur durch diverse historisch und kulturell bedingte Vorannahmen, zum Beispiel über Mutterschaft, verzerrt wurde, sondern eventuell auch durch die von ihm selbst entwickelten – und nicht per se falschen, aber in dieser Situation fälschlicherweise angewandten – menschenkundlichen Vorannahmen. Wie oben dargestellt, stellt die Anschauung der physischen Erscheinung für Steiner einen zentralen Ausgangspunkt im Erkenntnisprozess dar. Es ist meines Erachtens durchaus denkbar, dass er im Falle von Willfried von dem Bild des großen Kopfes derart beeindruckt war, dass sich dies auch verzerrend auf seine Diagnose auswirkte. Daher erlebe ich Steiners Diagnose als eine „Anwendung" des Punkt-Kreis-Motivs. Dies wäre dann in *dieser* Situation im Sinne des 2. Vortrags der *Allgemeinen Menschenkunde* eher ein aus der Vorstellung erzeugtes Bild, das in seiner Kombination mit anderen Vorannahmen letztlich zu einer nicht richtigen Einschätzung der Situation, ja sogar zu einem Ignorieren der von Theodora Kunert gegebenen tatsächlichen Antworten, geführt hat.

Das Punkt-Kreis-Motiv und die Punkt-Kreis-Meditation, Zentralmotive der anthroposophischen Heilpädagogik der ersten Stunde, bildeten den Ausgangspunkt meiner Untersuchung. Wenn meine Analyse zumindest teilweise richtig ist, dann hat dies nicht nur eine Bedeutung für eine nachträgliche Neubewertung der Situation von Theodora Kunert und ihrem Sohn Willfried, sondern auch eine Bedeutung für die heutige anthroposophisch inspirierte Heil- und Inklusionspädagogik. Denn ein reflexiver, wo nötig auch radikal kritischer, Umgang mit deren Quellen erscheint dann mehr als angebracht.

Im bisherigen Text sollte deutlich geworden sein, dass ich die Existenz der von Steiner beschriebenen geistigen Dimension des Mensch-Seins sowie auch eine mögliche Wahrnehmung dieser Dimension nicht grundsätzlich in Frage stelle. Allerdings halte ich es für falsch davon auszugehen, dass Steiner durch seine Methoden in jedem Fall eine umfassende und immer richtige Wahrnehmung gehabt haben müsse. Vielmehr gilt es, seine Aussagen vor dem Hintergrund eigener Wahrnehmungsversuche oder neuerer Forschungsergebnisse zu betrachten und ggf. weiterzuentwickeln oder auch zu revidieren.

Sowohl bezüglich des Punkt-Kreis-Motivs als auch der Punkt-Kreis-Meditation gibt es hier bereits sehr wertvolle Ansätze. So hat Niemeijer (2011) überzeugend dargestellt, dass das Bild von Punkt und Kreis nicht auf eine einseitig kategorisierende Konstitutionsdiagnostik zielt, sondern vielmehr eine Art „Fließgestalt" bereitstellt. Damit ist bezüglich der menschenkundlichen und diagnostischen Dimension des Bildes von Punkt und Kreis bereits eine entscheidende Aktualisierung früherer Interpretationen der Sekundärliteratur gelungen. Bezüglich der berufspädagogischen Dimension des Bildes als Meditation und Instrument zur Entwicklung heilpädagogischer Kompetenzen hat Rüdiger Grimm (2017) die auch nach 100 Jahren noch bestehende hohe Aktualität des Steiner'schen Ansatzes im Kontext anderer heutiger Ansätze herausgearbeitet und ist dabei insbesondere auf die Bedeutung eines achtsamen und reflexiven Umgangs mit dem eigenen Gefühlsleben eingegangen. Hier könnte meines Erachtens auch ein Schlüssel zu Antworten auf die Frage liegen, warum es Steiner damals nicht gelungen ist, eine von seinen eigenen Vorannahmen unabhängige Diagnose zu stellen. Ich vermute, dass es ihm zu diesem Zeitpunkt und in dieser Situation, aus welchen Gründen auch immer, schlicht und einfach nicht möglich war, seine Gefühle und Vorannahmen in diesem Sinne bewusst wahrzunehmen und zu reflektieren.

Anschließend an diesen Gedanken stellt sich nun die Frage, welche Bedingungen ein Umgang mit dem Punkt-Kreis-Motiv und insbesondere der Punkt-Kreis-Meditation in der heutigen anthroposophisch inspirierten Heil- und Inklusionspädagogik voraussetzt und wie diese sinnvoll hergestellt werden können.

7. Voraussetzungen und Potential der Punkt-Kreis-Meditation

7.1 Entstehungsbedingungen intuitiven Handelns

Mehrere Ebenen von Aktivität stehen in der Punkt-Kreis-Meditation in dynamischer Wechselbeziehung: Erstens, die Beziehung zum Überpersönlichen und damit zum Göttlich-Geistigen; zweitens, die Beziehung zum eigenen Sein und schließlich, drittens, der Versuch, sich in das Sein eines anderen Menschen einzufühlen, die Wahrnehmung einer „fremden Innerlichkeit." (Grimm, 2005, S. 6) Letzteres stellt die größte Herausforderung dar, denn es gelingt nur aus einer tiefen Selbst-Beziehung bei gleichzeitiger Fähigkeit, zu diesem Selbst eine reflektierende Distanz einzunehmen. Die beiden Meditationssätze „Ich bin in Gott" und „Gott ist in mir" verweisen auf die Notwendigkeit und das Potential der Punkt-Kreis-Meditation, diesen dynamischen Zugang zu sich selbst zu entwickeln.

Bei jeder Annäherung an die eigene seelische Bedingtheit ist indes Vorsicht geboten, da wir als Menschen aus guten Gründen nicht alles über uns selbst wissen; so können schlimme, vielleicht sogar traumatische Erlebnisse mit Hilfe unserer psychodynamischen Schutz- und Abwehrfunktionen vorübergehend verdrängt, unter Umständen ganz vergessen oder in diverse starre Verhaltensmuster (wie z. B. die Projektion eigener bedrohlicher Gefühle auf andere) umgewandelt werden. Jede intensive Selbstauseinandersetzung kann an die Grenzen dieser noch nicht verarbeiteten Lebensthemen führen und erfordert u. U. professionelle Begleitung.

All dies trifft allerdings auf jegliche Formen und Methoden der Selbstannäherung zu. Bei der Punkt-Kreis-Meditation ist darüber hinaus zu beachten, dass sie nicht nur auf eine berufspädagogische, psychohygienische und diagnostische Schulung zielt, sondern als

Meditation der anthroposophischen Geisteswissenschaft in eine nicht-sinnliche Wahrnehmung führen kann. Bereits das Punkt-Kreis-Motiv führt gedanklich über das körperliche und seelische Erleben hinaus; die Punkt-Kreis-Meditation kann diesen Gedanken in ein inneres Erleben bringen. Hier erhält eine kontinuierliche Kontaktaufnahme mit der eigenen Bedingtheit eine noch höhere Bedeutung, denn Steiner hat bezüglich des von ihm beschriebenen Schulungsweges immer wieder darauf hingewiesen, dass jeder Versuch, nicht unmittelbar sinnlich Wahrnehmbares zu erfassen, zu der großen Schwierigkeit führt, dass bekannte Anhaltspunkte und Kriterien dann möglicherweise keine oder nur wenig Orientierung bieten. (Steiner 2021a GA 13, S. 37) Aus diesem Grund kann sich in der geistigen Forschung „der Irrtum noch leichter [...] einschleichen [...] als in der äußeren Sinneswelt." (Steiner 2017a GA 69e, Basel, 25.09.1912, S. 140) Meditationsübungen können sogar „wertlos, ja, in einer gewissen Beziehung sogar schädlich" (Steiner 2018, GA 267, S. 55) sein, wenn sie nicht durch Übungen zur seelischen Stabilisierung wie zum Beispiel die sogenannten Nebenübungen (Steiner, 2018, GA 267, S. 55 f.) begleitet werden.

Die Punkt-Kreis-Meditation braucht also bestimmte Bedingungen – nicht nur, um ihr volles Potential zu entfalten, sondern auch, damit sie überhaupt sinnvoll wirken kann und nicht in eine verzerrte Wahrnehmung führt. Insbesondere ihre auf das Gegenüber gerichtete Zielsetzung – die möglichst umfassende Einfühlung in die jeweils aktuelle Wirklichkeit eines anderen Menschen, also ihr diagnostisches Potential – kann die Punkt-Kreis-Meditation erst bei intensiver Selbstführung wirklich entfalten. Es ergibt sich daher die Frage, unter welchen konkreten Voraussetzungen die Punkt-Kreis-Meditation als geeignetes Instrument für heilpädagogische Diagnose und Handlung wirksam werden kann.

Letztlich spielt in allen Begegnungen – seien diese (heil)pädagogischer, medizinischer, psychologischer oder einfach zwischenmenschlicher Natur – eine entscheidende Rolle, wie gut es den sich begegnenden Personen gelingt, sich auf die Wirklichkeit des Anderen einzulassen. Grimm schreibt: „Wenn Heilpädagogik im Sinne Karl Königs als praktische Kunst zu verstehen ist, muss man als Heilpädagogin oder Heilpädagoge selbst einen Entwicklungsprozess durchlaufen, um dafür die künstlerische Quellkraft in sich zu erschließen." (Grimm, 2017, S. 10) Von zentraler Bedeutung ist dabei der Umgang mit den eigenen Gefühlen. Die von Steiner dazu im 2. Vortrag des *Heilpädagogischen Kurses* getätigten Aussagen (Steiner, 1995, GA 317, S. 35) werden – so die Erfahrung aus vielen Gesprächen im Rahmen meiner beruflichen Tätigkeit – häufig in dem Sinne missverstanden, dass es darum gehe, die eigenen Gefühle „wegzulassen". Wie Grimm (2017) herausgearbeitet hat, ist jedoch ganz im Gegenteil zunächst eine gesteigerte Aufmerksamkeit auch für das eigene Fühlen zentral: „Achtsamkeit erscheint auch als Prinzip der Wahrnehmung des eigenen Gefühlslebens, etwa in der Entwicklung des Mitgefühls mit der Lage, in der sich das Kind befindet. Dabei ist kritisch zu unterscheiden zwischen den eigenen Gefühlsreaktionen, die das Kind im Erleben des Heilpädagogen auslöst, und dem eigentlich angestrebten Mitfühlen, in dem sich das Wesen des Kindes widerspiegelt." (Grimm, 2017, S. 13) Es kann also keinesfalls darum gehen, die eigene Wirklichkeit einfach zu ignorieren, zu verdrängen, zu vermeiden oder gar zu verleugnen. Im Gegenteil, es geht zentral um die *Wahrnehmung* der eigenen Situiertheit: Je bewusster ich mir meiner körperlichen und seelischen Verfassung – aber auch meiner Zielsetzung, meines Auftrags, meiner Rolle, z. B. in einer (heil)pädagogischen oder therapeutischen Intervention – bin, desto besser gelingt es in der Regel, mich auf die Wirklichkeit des Gegenübers einzulassen. Das heißt, ich muss mir zunächst ein stabiles Grundwissen über meine eigene Wirklichkeit erwerben, denn bewusst beiseite stellen kann ich nur etwas, von dessen Existenz ich in einem gegebenen Moment weiß. Dieses Grundwissen der eigenen Bedingungen ist notwendig, da unsere Wahrnehmungen, Vorstellungen, Motive und Handlungen im Verhältnis zu anderen durch unsere persönliche Erfahrungswelt in hohem Maße beeinflusst werden z. B. durch körperliche Bedingungen, Vorerlebnisse, Gefühle und Erinnerungen sowie darauf basierende Verhaltensmuster, Überzeugungen und Vorurteile.

Unbewusste Erlebnisse – insbesondere seelische Verletzungen und starke, aber zu einem gegebenen Zeitpunkt nicht mehr oder noch nicht wieder zugängliche Gefühle – entwickeln ein Eigenleben, das dann der Entwicklung der von Grimm beschriebenen „Fähigkeit des Fühlens (als) Instrument der Wahrnehmung für die Lage des anderen Menschen“ (Grimm, 2005, S. 6) im Wege steht bzw. sogar schädlich wirken kann. Unter Umständen werden eigene Gefühle auf die andere Person übertragen, und je weniger sich diese wiederum der eigenen Verfassung bewusst ist, desto höher ist das Risiko, dass sie die übertragenen Gefühle übernimmt und ausagiert – ein Phänomen, das als projektive Identifizierung umfassend erforscht worden ist. (Frank & Weiß, 2017) Das Auftreten solcher Dynamiken ist aufgrund der großen Faszination, die das heil- und inklusionspädagogische, soziale und therapeutische Berufsfeld auf Menschen ausübt, die selbst exkludierende oder traumatisierende Erfahrungen gemacht haben – ich nehme mich da nicht aus –, eine reelle Gefahr. (Schmidbauer, 1977) Denn das weithin bekannte Bild eines archetypischen „verwundeten Heilers“ von C.G. Jung kann durchaus auch kritisch betrachtet werden (Rösing, 2020); verwundete Menschen können eben nur dann heilen, wenn sie sich ihrer eigenen Wunden bewusst sind und wissen, wie sie diesen begegnen können.

Wie oben erläutert, vermute ich, dass es zu der in Kapitel 5 dargestellten problematischen Diagnose und Therapie zur Situation von Willfried kam, weil Steiner, aus welchen Gründen auch immer, in dieser Situation keine Möglichkeit hatte, seine Wahrnehmungen in diesem Sinne kritisch zu überprüfen. Daher kam es zu einer unpassenden „Anwendung“ verschiedener Vorannahmen, darunter auch des Punkt-Kreis-Motivs, auf die Situation. Diese meine Einschätzung stellt weder eine absolute Aussage über die Person Steiners noch über das Punkt-Kreis-Motiv dar, macht aber

Folgendes deutlich: Das Potential einer Methode entsteht in Abhängigkeit von der konkreten Beziehung eines Individuums zu dieser Methode und deren Umsetzung in einem gegebenen Moment. Dies gilt umso mehr für eine Methode wie die Punkt-Kreis-Meditation, die nicht im eigentlichen Sinne ein für alle Mal erlernt oder gar beherrscht werden kann, sondern die ihr Potential eigentlich erst – und immer wieder neu – im konkreten inneren Vollzug, in der konkreten Selbstwahrnehmung und -regulation und in der konkreten sozialen Beziehung erschließt. Grimm spricht von „Entstehungsbedingungen intuitiven Handelns". (Grimm, 2005, S. 4)

Im Zusammenhang mit den oben erwähnten Risiken einer Wahrnehmungserweiterung ohne gleichzeitige seelische Stabilisierung ergibt sich daher die Frage, unter welchen Bedingungen die Punkt-Kreis-Meditation als geeignetes Instrument für heilpädagogische Diagnose und Handlung wirken kann. Eine zentrale Rolle dabei spielt die Entwicklung von Selbstwahrnehmung und Gefühlsregulation.

7.2 Entwicklung von Gefühlsregulation und Selbstwahrnehmung

Wie Steiner dargestellt hat, beziehen wir uns in unseren Seelentätigkeiten auf eine bestimmte Zeitdimension (Steiner, 2019a, GA 293, 2. Vortrag): Vorstellungen rekurrieren auf bereits Erlebtes, Willensimpulse sind auf die Zukunft ausgerichtet. Gefühle, sofern wir sie überhaupt wahrnehmen, erleben wir im gegenwärtigen Moment. Dies gilt auch dann, wenn ein Gefühl sich auf Vergangenes oder Zukünftiges bezieht, wenn z. B. eine Erinnerung oder ein Wunsch Freude, Nostalgie, Angst oder Sehnsucht auslösen. Da Gefühle zudem eine Art „Antwort" auf von der Seele Wahrgenommenes sind (Steiner, 2013, GA 9), befinden wir uns mit unseren Gefühlen im Sozialraum, in dem wir anderen Menschen und deren

Gefühlen begegnen, was zu wechselseitigen Beeinflussungen und Wahrnehmungsverzerrungen führen kann.

Einen aktiven Umgang mit Gefühlen zu lernen, stellt daher eine der größten Entwicklungsherausforderungen in der menschlichen Biographie dar und steht in unmittelbarem Zusammenhang mit der Bindungsentwicklung, die ein Kind in der Interaktion mit seinen Bezugspersonen vollzieht. (Mikulincer & Shaver, 2019) Zwar wird die Annahme, nur eine klassische sichere Bindung (Ainsworth & Bell, 1970) sei optimal, heute differenzierter gesehen (Scheithauer & Niebank, 2022, S. 394), jedoch lernen Kinder in einer sicheren Bindung zu ihren Bezugspersonen am besten, ihre Gefühle wahrzunehmen und zu regulieren. Eine solche sichere Bindungs-Situation ist jedoch nur für ca. zwei Drittel einer durchschnittlichen Population gegeben. (Scheithauer & Niebank, 2022, S. 394) Viele Menschen haben daher zumindest anteilig auch unsichere Bindungsmuster, die in bestimmten Situationen aktiviert werden (z. B. persönlichen Krisen oder beruflichen Überforderungen). Es besteht dann die hohe Gefahr, dass eigene und fremde Gefühle miteinander verschmelzen und sich gegenseitig aufschaukeln (Verstrickung); oder umgekehrt, dass eigene oder fremde Gefühle gar nicht mehr wahrgenommen, deren „Berechtigung“ verleugnet oder sie abgewertet, bagatellisiert oder rationalisiert werden (Vermeidung). Je unbewusster die eigene Gefühlswelt in einem gegebenen Moment ist, desto höher auch die Wahrscheinlichkeit solcher Dynamiken. Personen, die mit manchen zentralen Bindungspersonen unsicher-vermeidende, mit anderen unsicher-ambivalent-verstrickte Erfahrungen gemacht haben, erleben dabei sogar das ganze, eigentlich konträre Spektrum zwischen Vermeidung und Verstrickung. Wenn dann in einer bestimmten Situation unsicher-vermeidende Bindungsmuster aktiviert werden, nehmen Menschen angenehme Gefühle weniger stark wahr und vermeiden unangenehme Gefühle oder Gefühlserinnerungen, z. B. durch Projektion auf andere. Wenn hingegen unsicher-verstrickte Bindungsmuster aktiviert werden, überfluten sie andere mit eigenen Gefühlen und lassen sich von den Gefühlen anderer überfluten (Gloger-Tippelt, 2016), bis hin zu unbewusster Identifikation mit fremden Gefühlen. Doch selbst beim Vorliegen eines klar sicheren Bindungsmusters und gut entwickelter Gefühlsregulation sind Gefühle per se nur zeitweise bewusst. Daher erfordert deren Wahrnehmung bis zu einem gewissen Grad auch bei Vorliegen primär sicherer kindlicher Bindungserfahrungen unser ganzes Leben lang aktive Aufmerksamkeit. Denn Gefühle sind komplex, unter Umständen widersprüchlich, und sie entziehen sich immer wieder unserem Wachbewusstsein. Es reicht daher kein einfaches, einmaliges Kennenlernen von Gefühlen, sondern wir müssen zuverlässige Mittel und Wege entwickeln, um immer wieder aktiv Zugang zu ihnen zu bekommen, wenn sie aus unserem Bewusstsein entschwunden sind, wir aber merken, dass sie uns doch belasten oder soziale Interaktionen stören. Denn wenn automatisierte und insbesondere in Stress-Situationen getriggerte Verhaltensweisen, wie z. B. die Überflutung mit oder die Vermeidung von Gefühlen, nicht bewusst reflektiert werden, ist eine professionelle bindungsbewusste Beziehungsgestaltung schlichtweg nicht möglich.

Mit welchen konkreten Ansätzen kann ein solcher Zugang zur eigenen Wirklichkeit, zur eigenen Gefühlswelt und zur eigenen Innenwelt – als essentielle Grundlage für eine möglichst unverstrickte und empathische Wahrnehmung des Gegenübers – im Rahmen anthroposophisch inspirierter Ausbildungen angeregt werden? Dieses Thema habe ich in einer früheren Veröffentlichung dargestellt (Pichler, 2020) und fasse es im Folgenden kurz zusammen. In der heilpädagogischen Ausbildung am Rudolf-Steiner-Seminar Bad Boll arbeiten wir ansatzübergreifend mit Konzepten der Psychodynamik, des systemischen Ansatzes und der achtsamkeitsbasierten Stressreduktion. Die Auszubildenden lernen die Bedeutung der Gefahr von unbewussten Übertragungen und Gegenübertragungen (vgl. Körner, 2017) sowie von Bindungsverhaltensmustern, Gefühlsregulation und Mentalisierung (Bowlby

1958; Ainsworth & Bell 1970; Fonagy et al. 2010) kennen. Des Weiteren setzen sich die Auszubildenden in unseren Ausbildungsprogrammen auch mit Gefühlen, mit Angst und Abwehrmechanismen sowie deren Schutzfunktionen auseinander. Ein eigenes inneres Erleben entsteht durch Rollenspiele, Praxisbeispiele und die Begegnung mit dem eigenen „Inneren Team“ (Schulz von Thun, 2013) bzw. der „Inneren Familie“ (Weiss et al., 2019). Aufgrund der hohen inneren Sprengkraft von dabei u. U. auftretenden Erinnerungen werden verschiedene Arbeitsmöglichkeiten, z. B. in der Selbstreflexion mittels Arbeitsblättern, im Gesprächs-Duo oder in Gesprächsspaziergängen angeboten. Die Auszubildenden wissen, dass auch unsere Dozent:innen in intensiver Begegnung mit ihrem eigenen Seelenleben sind und können sich „Erste Hilfe“ holen. In den therapeutischen Bereich gehen wir selbstverständlich nicht, stehen aber als Gesprächspartner:innen zu einer diesbezüglich evtl. anstehenden Entscheidung zur Verfügung.

Aus der Anthroposophie lernen die Auszubildenden neben einer grundsätzlichen Einführung in menschenkundliche Aspekte auch die Punkt-Kreis-Meditation als ein zentrales Instrument der anthroposophisch inspirierten Heil- und Inklusionspädagogik kennen. Da „jede Meditation … dadurch beeinträchtigt wird, dass man von der Verpflichtung ausgeht, sie machen zu müssen“ (Steiner, 2022, GA 316, S. 158), ist die Meditation allerdings an sich kein verpflichtender Bestandteil der Ausbildung und wird auch nicht gemeinsam praktiziert. Der Zugang zum Punkt-Kreis-Motiv wird den Auszubildenden vielmehr zunächst über eine Schulung in phänomenologischer Wahrnehmung sowie Hinweisen auf eigene Beobachtungsgelegenheiten in der Innen- und Außenwelt aufgezeigt, z. B. in Naturphänomenen (z. B. Jahreskreislauf, Entwicklung einer Pflanze), der eigenen Seelenverfassung (z. B. Bindungs- und Angstverhalten) oder in der Sozialdynamik (z. B. Gruppenbildung, Mobbing etc.). Gerade im Hinblick auf die seelischen und sozialen Phänomene wird das oben bereits aufgeführte Fachwissen vermittelt, um mit den wahrgenommenen Dynamiken umgehen zu können. Auf dieser Grundlage werden dann menschenkundliche Konzepte wie Sympathie und Antipathie oder Punkt und Kreis, und insbesondere auch die „Nebenübungen" (Steiner, 2019b) vorgestellt. Über den ganzen Prozess hinweg ist uns wichtig, die zur Verfügung gestellten Ideen in Freiheit zu vermitteln, d. h. wir erwarten nicht, dass bestimmte Ansätze in die eigene Methodik oder Praxis übernommen werden. Die eigene Wahrnehmung in einem gegebenen Moment ist oberste Leitschnur, immer mit zwei Aspekten im Bewusstsein. Erstens: Wahrnehmung kann sich in Relation zu sich verändernden Gegebenheiten, zur eigenen Verfassung, aber auch zu den eigenen, sich entwickelnden Kompetenzen verändern. Dabei kann sie sich sowohl erweitern als auch begrenzen, wenn ich z. B. müde oder überlastet bin oder Aspekte einer bereits gemachten Wahrnehmung wieder vergesse oder verdränge – d. h. durch Wahrnehmung erworbene Kenntnis kann zum einen wachsen, es kann aber durchaus auch vorkommen, dass ich etwas bereits Erkanntes wieder aus dem Bewusstsein verliere. Und zweitens: Wahrnehmung kann vielfältigen Täuschungen erliegen, d. h. ich selbst darf und muss meine Wahrnehmung auch immer wieder hinterfragen und dazu mit anderen in den Dialog gehen. Dies gilt sowohl für die Wahrnehmung zu Klient:innen, als auch für die Selbstwahrnehmung sowie für die gegenseitige Wahrnehmung in der kollegialen Teamarbeit (Pichler, 2019).

Eine aktiv geführte Entwicklung von Selbstwahrnehmung und Gefühlsregulation hat also eine große Bedeutung für die Punkt-Kreis-Meditation. In dem Umwandlungsraum, in dem der Punkt zum Kreis bzw. der Kreis zum Punkt wird, findet ein imaginativer Metamorphose-Prozess statt, der vom Ich so bewusst als möglich geführt werden muss. Dabei lässt sich aufgrund der eigentlichen – da nur mathematisch beschreibbaren – Nicht-Existenz eines Punktes bzw. der Unendlichkeit des möglichen Kreises (vgl. Holtzapfel, 1976) in keinem Moment fixieren, wo ich mich gerade befinde, ob im Punkt oder im Kreis. Der Kreis ist Punkt, und der Punkt ist Kreis. Dieser Nicht-Raum ist also zugleich ein All-Raum, ein Raum höchster Kreativität bei gleichzeitig geringster Fixierbarkeit. Dies bedeutet aber auch, dass es ein Raum ist, in dem die Orientierung immer wieder aktiv gefunden werden muss. In früheren Veröffentlichungen habe ich dargestellt, inwiefern die Punkt-Kreis-Meditation auch als Instrument zur Schulung von Bindungssicherheit und Gefühlsregulation gesehen werden kann (Pichler, 2016), und welche konkreten begleitenden Maßnahmen im Rahmen anthroposophisch inspirierter Ausbildungen eingesetzt werden können (Pichler, 2020). Denn zum einen braucht die Punkt-Kreis-Meditation begleitende Übungen, zum anderen erhalten diese Übungen durch die Punkt-Kreis-Meditation eine Fokussierung. Insofern kann die Punkt-Kreis-Meditation einen hochwirksamen Fokuspunkt berufspädagogischer Entwicklung bilden, sofern sie von Übungen zur seelischen Stabilisierung begleitet ist.[18] Dann zeigt sich das außergewöhnliche Potential der Punkt-Kreis-Meditation.

Abschließend zu dieser Darstellung der grundlegenden Voraussetzungen für die Punkt-Kreis-Meditation möchte ich noch auf zwei mögliche Einwände eingehen: Der erste Einwand wäre, dass eine derart intensive Ausbildung von Gefühlsregulation und Selbstwahrnehmung als Voraussetzung oder mindestens Begleitung der Punkt-Kreis-Meditation doch nur dann nötig sei, wenn Menschen dies nicht, z.B. aufgrund gelungener Bindungsbeziehungen in der Kindheit, ohnehin bereits gelernt hätten. Dem ist meines Erachtens entgegenzusetzen, dass eine Meditation wie die Punkt-Kreis-Meditation in einen Raum führt, in dem unbewusst erlernte Kompetenzen in der Regel nicht ausreichen, um den in diesem Raum erlebten Herausforderungen stabil zu begegnen. Nun zum zweiten möglichen Einwand: Wie oben dargestellt, hat die Punkt-Kreis-Meditation unter anderem zum Ziel, sich in die konstitutionelle Wirklichkeit eines Gegenübers einzufühlen. So

---

18 Je nach individueller Einschätzung der eigenen Situation können diese grundsätzlich bereits in einem Zeitraum vor die aktive Aufnahme der Punkt-Kreis-Meditation gestellt oder auch parallel entwickelt werden.

könnte der Eindruck entstehen, dass es also in erster Linie durchaus um sinnlich Wahrnehmbares gehe. Die Situation ist jedoch weit komplexer: Zum einen geht es eben nicht um eine kategorisierende Zuordnung mittels einer Schablone von „Konstitutionen“ oder „Polaritäten“, sondern um das Wahrnehmen einer individuellen, dynamisch sich entwickelnden „Fließgestalt“ (Niemeijer, 2011, S.107). Bereits diese leiblich-konstitutionelle Gestalt ist – folge ich Steiners Idee eines dynamischen Leibes mit einer materiellen (physischen), einer zeitlichen (Ätherleib) und einer räumlich-kosmischen (Astralleib) Dimension – nicht vollkommen sinnlich wahrnehmbar. Noch komplexer wird es, wenn ich versuche, die sich aus der Interaktion der konstitutionellen Realität mit der Umwelt ergebende seelische Dimension zu erfassen, denn diese ist erheblicher inter-personeller Dynamik ausgesetzt. Und drittens, noch grundsätzlicher, geht es Steiner mit dem Punkt-Kreis-Motiv ohnehin um viel mehr als die in Erscheinung tretende konstitutionelle Gestalt oder um die damit zusammenhängende seelische Beziehung des betreffenden Menschen zur Welt. Es geht eben – das wird auch an seinen Überlegungen zu Willfried und Theodora Kunert deutlich – auch um die sinnlich nicht wahrnehmbare Geist-Gestalt von Menschen, also eine über die sinnlich wahrnehmbare Raum- und die gegenwärtige Zeitdimension weit hinausragende mögliche Wirklichkeit. Dieser Umstand erhöht die Herausforderung durch die Punkt-Kreis-Meditation zusätzlich und verdeutlicht, dass bestimmte Voraussetzungen gegeben sein müssen, damit die Punkt-Kreis-Meditation sinnvoll eingesetzt werden und ihr volles Potential entfalten kann.

7.3 Das Potential der Punkt-Kreis-Meditation: Im Zwischenraum sein

Der dargestellte Weg der Kontaktaufnahme mit der eigenen Gefühlswelt ist keine per Teilnahmezertifikat endgültig abzusichernde Kompetenz, sondern ein fluider Prozess, der immer wieder neu ergriffen werden muss. Schon aufgrund der nur halbbewussten Qualität unserer Gefühlswelt wird uns das Erfahrene notwendigerweise immer wieder entgleiten und teils auch völlig in Vergessenheit geraten. Mit Erfahrung und Übung gelingt es unter Umständen schneller und direkter, wieder Zugriff zu bekommen – insbesondere dann, wenn ich weiß, in welchen Situationen ich es schwer habe, auf mein Bewusstsein zuzugreifen. Dabei legen die im vorherigen Abschnitt beschriebenen Ansätze eine Art Orientierungsbasis, die insbesondere in schwierigen inneren oder sozialen Situationen sehr hilfreich sein kann. Auf dieser Grundlage, und darüber hinaus, kann die Punkt-Kreis-Meditation ihr volles Potential entfalten und ein entscheidendes Instrument zur erweiterten Bewusstseinsentwicklung darstellen.

Vor dem Hintergrund der Annahme eines geistigen Ursprungs der Person, die durch einen Leib handelnd in der Welt in Erscheinung tritt (vgl. Steiner, 1995, GA 317, 3. Vortrag), zielt Kompetenzbildung durch die Punkt-Kreis-Meditation auf die drei oben beschriebenen Beziehungs-Dimensionen: auf die Dimension der Beziehung zwischen dem Ich und dem Göttlich-Geistigen, auf die der Beziehung zum eigenen Selbst und auf die der Wahrnehmung des Gegenübers sowie des sich daraus ergebenden Handelns. Diese drei Dimensionen entwickeln sich in wechselseitiger Abhängigkeit: Je sicherer ich mich in der göttlich-geistigen Welt und in mir selbst erlebe, desto besser kann ich mich auf die Wahrnehmung des Gegenübers einlassen. Je treffender meine Wahrnehmung des Gegenübers ist, desto stimmiger werden meine Handlungen. Je stimmiger meine Handlungen sind im Hinblick auf das Gegenüber, das in Beziehung zu mir steht, desto mehr bin ich auch in Verbindung mit meinem göttlich-geistigen Ursprung und den sich daraus ergebenden Schicksalsintentionen.

Eine systematische Kompetenzentwicklung in diesem Sinne kann konkret auf drei Ebenen erfolgen: Ich kann das Punkt-Kreis-Motiv imaginativ als inneres Bild entwickeln, ich kann es intuitiv-gestaltend mit dem Körper im Raum wahrnehmen, z.B. in einer Bewegungsform (auch in der Gruppe), und ich kann es im Zwischenraum der Inspiration künstlerisch gestalten, zum Beispiel bildnerisch oder musikalisch. (Beilharz, 2020) Im ersten Fall bin ich sozusagen mit dem zentrierten Kopf-Pol tätig, im zweiten Fall mit dem peripheren Gliedmaßen-Pol, im dritten Fall mit der dazwischenliegenden rhythmischen Tätigkeit von Herz und Atmung. Zu diesem Zwischenraum des Fühlens wird in Steiners Beschreibung im *Heilpädagogischen Kurs* wenig mehr gesagt als dass es eine vermittelnde Rolle zwischen den beiden Polen innehat: „Das rhythmische System ist halb Kopf, halb Stoffwechsel-Gliedmaßensystem. Wenn wir einatmen, ist es mehr Stoffwechsel-Gliedmaßensystem, wenn wir ausatmen ist es mehr Kopfsystem. So dass zwischen Systole und Diastole die Sache so verläuft, dass man sagen kann: Kopfsystem-Gliedmaßensystem = Ausatmung-Einatmung. Nun sehen Sie also, dass wir, vermittelt durch den mittleren Teil des rhythmischen Organismus, eigentlich zwei vollständig polarisch entgegengesetzte Wesenheiten in uns tragen." (Steiner, 1995, GA 317, S. 77)

Interessanterweise findet jedoch in der Punkt-Kreis-Meditation genau in diesem Zwischenraum, dem oben beschriebenen Raum der Unsicherheit und Kreativität, der eigentliche meditative Prozess statt, denn hier wird der Punkt zum Kreis und der Kreis zum Punkt. Der Übergangsraum zwischen Punkt und Kreis und Punkt … zwischen Kreis und Punkt und Kreis … ist also zunächst unsichtbar.[19] Es ist ein Raum, in dem sich eine Metamorphose voll-

---

19 Dies könnte meines Erachtens auch ein Grund dafür sein, dass sich die Aufmerksamkeit der Sekundärliteratur zunächst eher auf die „Polaritäten" als auf diesen Zwischenraum gerichtet hat.

zieht. Je aktiver ich diese Metamorphose selbst gestalte, desto mehr kann ich sie mit Bewusstsein erfüllen. Steiner sagt im 12. Vortrag des *Heilpädagogischen Kurs*es, dass es darauf ankomme, es in seiner Macht zu haben, „sich herauszureißen aus der einen Welt" und „sich hineinzufinden in die andere Welt", und dass dies „der Anfang alles Aufrufens innerer Kräfte" sei. (Steiner, 1995, GA 317, S. 184) Das Spannende hieran ist, dass ich zwar jeweils von einer Welt in die andere gehe und im Idealfall auch jeweils die eine ganz verlasse und in der anderen ganz ankomme, dass aber die Qualität des Seins im Ankunfts-Raum abhängig von meinem Bewusstsein für den Zwischenraum ist. Dieser Zwischenraum ist der Ort, an dem – für einen so unsichtbaren wie unendlichen Moment – die eine Welt die andere ist, und die andere Welt die eine. Je bewusster ich diesen Zwischenraum erlebe, desto mehr gelingt es mir, mich durch das gleichzeitige Vorhandensein von Gegensätzen (Punkt und Kreis sind *auch* Gegensätze!) nicht verunsichern zu lassen, sondern diese kreativ auszuschöpfen. Es ist also ein in sich bewegter und beweglicher Raum, der weder zeitlich noch räumlich fixiert werden kann und der gleichzeitig nicht beliebig, nicht nivelliert ist. Im Gegenteil: Er ist erfüllt mit *kommunizierender* Polarität. Punkt und Kreis sind im Dialog.

Das hat nun eine hohe Relevanz für konkrete heil- und inklusionspädagogische und soziale Situationen. Damit meine ich nicht nur die bereits beschriebene Diagnostik konstitutioneller leiblich-seelischer Bedingtheiten, sondern insbesondere alle Arten von Situationen, in denen dieser Raum in gewisser Weise als *zeitlich* ausgedehnt erlebt wird: scheinbare Entwicklungsstillstände, sich verändernde Lebens- oder Beziehungssituationen, Krisen und Konflikte, verfahrene Kommunikationen – hochverunsichernde Situationen also, die uns mit existentiellen Fragestellungen konfrontieren. In derartigen Situationen gelingt der Übergang von einer Welt in die andere zunächst nicht. Oft scheint dann eine Notwendigkeit zu bestehen, schier unlösbare Entweder/Oder-Entscheidungen zu treffen. Auch wenn am Ende eines Prozesses manchmal tatsächlich so eine Entscheidung getroffen werden muss, sollte sie meiner Erfahrung nach nicht getroffen werden ohne ein möglichst umfassendes Bewusstsein, was dies konkret für alle Beteiligten bedeutet. Wenn durch eine „Dagegen-Entscheidung" eine bestimmte Perspektive letztlich verworfen wird, muss sie davor umso intensiver im Bewusstsein erscheinen. Es geht daher in gewisser Hinsicht darum, für eine zunächst nicht zu bestimmende Zeit in einem noch nicht entschiedenen Zwischenraum zu bleiben: In der scheinbar unaushaltbaren Situation präsent, mit sich und den anderen in Beziehung zu bleiben und das gemeinsame Bewusstsein für die Situation nach und nach zu entwickeln. Dies gelingt umso umfassender, je aktiver alle Beteiligten die Gegensätze in ihrer jeweiligen Qualität halten können; dabei geht es nicht um „Aushalten", sondern eher um ein wahrnehmendes „Ausharren". Wenn dies gelingt, beginnen die sich scheinbar ausschließenden Gegensätze miteinander zu kommunizieren. Manchmal wird dies als „goldene Mitte" verstanden, doch eigentlich geht es nicht um die Mitte, sondern um die aktiv gestaltete Beziehung zu beiden Polen. Denn häufig werden Entscheidungen in solchen Situationen entweder zu früh oder zu spät getroffen. Im ersten Fall versuchen die Beteiligten, dadurch der unangenehmen Unsicherheit des Zwischenraums und der damit verbundenen Gefühlsüberforderung zu entkommen. Im zweiten Fall versuchen sie, der Entscheidung zu entgehen und beide Seiten zu berücksichtigen, verharren aber emotional verstrickt in den durch die Ränder des Zwischenraums gebildeten Polaritäten.

An dieser Stelle liegt nun ein großes Potential der Punkt-Kreis-Meditation. Allein schon denkend zu begreifen, dass die Gegensätze von Punkt und Kreis in einem wechselseitig-dynamischen Verhältnis stehen, einander bedingen, dass sogar der Punkt Kreis ist und der Kreis Punkt ist, lenkt den Blick auf das Unvorstellbare und öffnet die Perspektive auf den Zwischenraum, durch den hindurch ich „von der einen Welt in die andere" gelange. Die Möglichkeiten, dies systematisch zu üben, habe ich oben kurz benannt. Was genau in diesem aktiv gebildeten Zwischenraum geschieht, ist tatsächlich kaum zu fassen und sicherlich individuell unterschiedlich. Ich persönlich erlebe immer wieder, dass sich in diesem Zwischenraum das Bewusstsein für die eigene Situation entwickelt – das Bewusstsein für den Kipp-Punkt in mir selbst, in dem z.B. ein widersprüchliches Gefühl beginnt, mein Handeln zu beeinflussen. Ich packe die Polarität dann sozusagen am Schopf und frage sie, was sie mir sagen möchte. Dann erkenne ich vielleicht, welche Vorannahmen über andere Beteiligte oder über die Situation mir im Weg stehen, welche anderen Themen oder Vorerfahrungen ich in diesen Zwischenraum projiziert habe, wo es Gefühlsverstrickungen gibt und welchen Anteil ich selbst daran habe. Gerade eine Situation, in der es um unbewusste wechselseitige Beeinflussung geht, erfordert den Mut, in die Unsicherheit des Zwischenraums hineinzugehen, sich selbst in seiner Verletzbarkeit zu zeigen und einen Gedanken zur Situation in den Raum zu stellen, auch wenn ich mir noch nicht sicher bin. „Ich denke laut", sagt ein Kollege immer – ich weiß dann, er sagt gleich Dinge, die das Gegenüber oder das Team nicht erwarten und die vielleicht auch auf Widerstand stoßen werden; und das heißt, wir sind in einem kreativen Prozess. Es ist wenig überraschend, dass ein solches bewusstes Betreten des Zwischenraums immer wieder dazu führt, dass die zunächst unlösbare, vollkommen gegensätzliche, konflikthafte Situation schließlich den polaren Entweder/Oder-Raum verlässt und eine bis dahin nicht gesehene, dritte Möglichkeit sichtbar wird. Dabei geht es wiederum nicht um die „goldene Mitte", sondern um eine ganz neue Idee. Natürlich gelingt das nicht immer. Auch bei einer Entweder/Oder-Entscheidung gehe ich aber aus einem solchen Prozess mit dem Bewusstsein heraus, was diese Entscheidung bedeutet und bleibe so auch mit dem in Kontakt, wogegen ich mich entschieden habe.

Dieser letzte Satz steht für mich auch für meine Auseinandersetzung mit dem Schicksal von Willfried und seiner Mutter Theodora Kunert. Auch hier habe ich mich nun einige Monate in einem

Zwischenraum aufgehalten, in dem ich immer wieder an schmerzhafte Grenzen meines Erlebens und meines Bewusstseins stieß und oft genug nicht sicher war, ob es mir gelingen würde, aus der einen Welt in die andere zu gelangen. So ging dieser Text von meinem Erleben aus, dass ich als eine der Vertreter:innen der heutigen anthroposophisch inspirierten Heil- und Inklusionspädagogik aussprechen muss, was ich an der damaligen Situation schwierig und schmerzlich finde und wo ich die Ursachen dafür sehe. Gleichzeitig war mir wichtig, der Tatsache gerecht zu werden, dass Theodora Kunert damals erlebte, an einem guten Ort und unter Freunden zu sein, die aus tiefster Überzeugung und mit hoher Zuwendung versuchten, das für sie und ihr Kind Richtige zu tun. Im Hinblick auf mein Ausgangsthema, die Punkt-Kreis-Meditation, komme ich zu dem Schluss, dass sie einen hochwirksamen Fokuspunkt berufspädagogischer Entwicklung bilden kann, sofern sie von Übungen zur seelischen Stabilisierung begleitet ist.

8. Ausblick: Anthroposophische Heil- und Inklusionspädagogik und ihre Herausforderung im Jahr 2024

8.1 Problematische Diskurse in der anthroposophischen Heil- und Inklusionspädagogik

Ein Blick auf die heutige anthroposophische Heil- und Inklusionspädagogik in Deutschland zeigt einerseits eine moderne, mit den heutigen Paradigmen von Inklusion und Empowerment, Befähigung und Teilhabe vertraute Bewegung. So hat der Bundesverband anthroposophisches Sozialwesen *Anthropoi e.V.* bereits vor der entsprechenden gesetzlichen Vorgabe in seinen Einrichtungen Gewaltpräventions- und Schutzkonzepte verpflichtend etabliert (Anthropoi Bundesverband, 2021) und arbeitet mit den anderen Fachverbänden der Eingliederungshilfe, der Kinder- und Jugendhilfe sowie den Netzwerken des Ausbildungswesens eng zusammen (*Die Fachverbände für Menschen mit Behinderung*, o. J.).[20]

Andererseits hat sich, wie im Eingangskapitel dargestellt, die anthroposophische Heil- und Inklusionspädagogik in ihren Veröffentlichungen bisher wenig selbstkritisch betrachtet. Trotz der soeben beschriebenen Aktualisierung und gesellschaftlichen Einbindung erscheint mir dies dringend notwendig. Dabei geht es mir keineswegs darum, jede Aussage und Handlung von Steiner im Sinne des hier vorgelegten Textes kritisch zu analysieren. Das wäre weder möglich noch notwendig oder zielführend. Vielmehr geht es mir darum, die exemplarische Bedeutung der hier vorgelegten Analyse der Situation von Theodora und Willfried Immanuel Kunert für eine heutige anthroposophisch inspirierte Heil- und

20 Aus Transparenzgründen weise ich darauf hin, dass ich seit 2020 und zum Zeitpunkt des Verfassens dieses Textes Vorständin bei Anthropoi Bundesverband bin.

Inklusionspädagogik herauszuarbeiten. Denn aus dieser ergeben sich meines Erachtens eine Reihe an Fragen und fortführend ein weites, noch zu erschließendes Forschungsfeld. Im Folgenden möchte ich einige erste Überlegungen zu diesen offenen Forschungsfragen anstellen, die hier skizzenhaft bleiben müssen, jedoch hoffentlich zu zukünftiger Forschung beitragen.

Dabei stellt sich zunächst die Frage, ob sich damalige Praktiken, die aus heutiger Sicht als problematisch eingeordnet werden müssen, etabliert haben. Aus einem persönlichen Gespräch mit einer Zeitzeugin ist mir bekannt, dass die Maßnahme der Verdunkelung noch Jahrzehnte später bei mindestens einem anderen Kind mit einem Hydrozephalus „eingesetzt" wurde. Zum großen Glück hat sich dies, vielleicht auch wegen der Seltenheit dieser Erkrankung, nicht als allgemeines Prinzip etabliert. Allerdings verweist dieser Fall auf eine ganz grundsätzliche Problematik im Hinblick auf Aussagen Steiners zu konkreten Situationen oder Personen. Da Steiner Biographie, Karma und Reinkarnation als etwas hoch Individuelles versteht – denn es ist das einzigartige Individuum, das sein Schicksal lebt –, ist eine Übertragung solcher Aussagen auf eine andere Person schon vom Grundsatz her unzulässig (ganz unabhängig davon, ob diese Aussage in sich stimmig oder an sich problematisch sind). Tatsächlich hat Steiner, danach gefragt, ob der „Schwachsinn" eines jungen Mannes in Zusammenhang mit einem vorigen Erdenleben stehe, auch darauf hingewiesen, wie individuell er Karma versteht: „Bei solchen Dingen handelt es sich darum, dass jeder Fall wirklich ein individueller ist und dass aus solchen paar Angaben, wie sie hier auf diesem Zettel gemacht worden sind, durchaus nicht irgendwie etwas gesagt werden kann, am wenigsten, wie der betreffende Schwachsinn zusammenhänge mit irgendeinem vorhergehenden Erdenleben." (Steiner, 1998, S. 232)

Dies wurde jedoch nicht immer verstanden, sodass in den Jahrzehnten nach dem *Heilpädagogischen Kurs* in der Sekundärliteratur Darstellungen entwickelt wurden, deren Duktus – wenn auch wohl nicht so intendiert – diesem Grundgedanken der individuellen

Situation implizit widerspricht. Dazu gehört z. B. in meiner Erinnerung die Rezeption der ersten Darstellungen zu den sogenannten konstitutionellen und sich aus der Punkt-Kreis-Dynamik erschließenden „Polaritäten" (Holtzapfel, 1976) in anthroposophisch orientierten heilpädagogischen Ausbildungen. Diese wurden, wie in diesem Text deutlich geworden sein sollte, in der späteren Sekundärliteratur bereits deutlich differenziert (Grimm, 2011a; Niemeijer, 2011). Bis heute allerdings hat keine kritische Auseinandersetzung mit gewissen Vorstellungen zu Karma und Behinderung, wie sie sich z.B. in Texten Michaela Glöcklers (Glöckler, 2016, 2024) zeigen, stattgefunden. Solche Darstellungen sind dann besonders heikel, wenn nicht nur von allgemeinen Prinzipien ausgegangen wird, die auf unzulässige Weise auf individuelle Situationen angewandt werden, sondern wenn diese Prinzipien überdies in sich problematisch sind. Da ich für dringend notwendig halte, einige bisher nicht näher untersuchte Grundlagen der heutigen anthroposophischen Heil- und Inklusionspädagogik kritisch zu reflektieren, werde ich mich im Folgenden exemplarisch mit den Aussagen Glöcklers zum Thema Karma und Behinderung auseinandersetzen und sie in Beziehung zu Aussagen Steiners zum Thema stellen.

In ihrem Buch *Elternsprechstunde* schreibt Glöckler: „Was bedeutet es, wenn ein Mensch schon von Geburt an nicht Herr seines bewussten Seelenlebens ist? Er macht natürlich ganz andere Erfahrungen in seinem Leben als ein Mensch mit einer physischen Behinderung, dem beispielsweise ein Arm oder ein Bein fehlt. Einem hochgradig geistig Behinderten ist es für viele Jahre oder vielleicht sogar für sein ganzes Leben nicht möglich, Führer und Herrscher seines eigenen bewussten Seelenlebens zu sein. Er lebt sozusagen ein Erdenleben ganz im Zeichen der sozialen Integration ohne persönliche Intentionen. Zunächst wächst er in seiner Familie heran, dann kommt er vielleicht in eine Schul- und später in eine entsprechende Lebensgemeinschaft, eine beschützende Werkstatt oder eine sozialtherapeutische Einrichtung. Es ist ein

Leben in Hingabe an die Umgebung, ein Leben in Selbstlosigkeit. Die Möglichkeit, ein Doppelleben zu führen im bewussten Seelenleben auf der einen Seite, das es zu beherrschen gilt, und im unbewussten Leibesleben auf der anderen Seite, ist nicht gegeben. Das ist es, was zunächst auffällt, wenn man sich die Tatsache einer schweren geistigen Behinderung vor Augen führt … Es besteht keine Möglichkeit, sich seelisch-geistig durch Irrtum zur Wahrheit hin zu entwickeln. Betrachtet man ein Behindertenschicksal einmal von diesem Gesichtspunkt aus, so rückt es in ein neues Licht.“ (Glöckler, 2016, S. 322 f.)

Diese Darstellung ist zum Zeitpunkt des Schreibens dieses Textes im Jahr 2024 noch im Internet zu finden (Glöckler, 2024). Sie ist nicht nur deswegen nicht haltbar, weil sie die Situation von Menschen mit einer Behinderung insgesamt stark verallgemeinert, sondern zudem, weil sie diesen Menschen grundsätzlich gewisse Entwicklungsbedürfnisse („ohne persönliche Intentionen“) und -möglichkeiten („keine Möglichkeit, sich seelisch-geistig durch Irrtum zur Wahrheit hin zu entwickeln“) abspricht. Die diesen Formulierungen zugrundliegende Einschätzung und Haltung gegenüber Menschen mit Behinderungen ist vermutlich nicht bewusst reflektiert. Sie lässt sich bis zu einem gewissen Grad historischen Diskursen und einer ihnen zugrundeliegenden Unwissenheit zuschreiben, die in ähnlicher Art auch in anderen sozial-kulturellen Kontexten vorhanden war. Auch wenn dies die Aussagen nicht relativiert, so ist es doch zu deren Einordnung zu beachten.

Allerdings haben wir es, wie gleich zu zeigen sein wird, hier nicht nur mit historischen Diskursen oder der oben bereits erwähnten Problematik einer auch nach Steiner unzulässigen Verallgemeinerung der Situation von Individuen zu tun, sondern mit einem speziellen anthroposophischen Problem, das wir als Vertreter:innen der heutigen anthroposophischen Heil- und Inklusionspädagogik meines Erachtens reflektieren müssen, und zwar auch mit genauer Analyse der tatsächlich von Steiner getätigten Aussagen. Denn diese gemäß meiner Analyse in sich ohnehin kritisch zu betrachtenden Aussagen wurden dann in der Sekundärliteratur zum Teil unhinterfragt übernommen oder verkürzt wiedergegeben. So findet sich die – meines Erachtens bereits während des *Heilpädagogischen Kurses* verzerrte – Darstellung Steiners zu den Antworten Theodora Kunerts auf seine Befragung auch in Holtzapfels (2003, S. 41 f.) „Standardwerk der anthroposophischen Heilpädagogik" (so der Buchrückentext des Verlages im Jahr 2003), und das Bild der Situation findet noch 80 Jahre später teilweise Eingang in die Annahmen anthroposophischer Heilpädagogik – im Grunde genommen bis heute.

Vor diesem Hintergrund ordne ich auch die Ausführungen von Glöckler zu Menschen mit Behinderungen ein. Glöckler schreibt weiter: „In Verbindung mit dem Wiederverkörperungsgedanken erscheint ein solches Schicksal als Ausschnitt einer Gesamtentwicklung: Auf der einen Seite lässt sich denken, dass ein Leben in Selbstlosigkeit eine große Kraftquelle für ein künftiges, vielleicht mehr im Zeichen starker persönlicher Impulse stehendes ist, bei dem sich eine bestimmte Genialität entwickelt und auslebt. – Auf der anderen Seite lässt sich dieses Schicksal aber auch denken als Folge eines verzweifelten früheren Lebens, bei dem der Betreffende wissend oder unbewusst große Schuld auf sich geladen hat und jetzt vor einem neuen Erdenleben gleichsam zurückschreckt, weil er sich nicht in der Lage fühlt, die Folgen der eigenen Taten tragen zu können. Ist dann durch ein Behindertenschicksal die Möglichkeit gegeben, während eines ganzen Erdenlebens die Liebe und Förderung anderer Menschen zu erfahren, so kann dieses für ein weiteres Erdenleben die notwendige Vertrauensgrundlage schaffen, dass in der eigenen Existenz doch auch ein Wert gesehen wird und dass man die Kraft finden wird, frühere Schuld verwandeln und ausgleichen zu können." (Glöckler, 2016, S. 323 f.)

Wir begegnen also auch hier wieder der Idee der „karmischen Schuld" in Verbindung mit Behinderung. Diese Idee untersuche ich im Folgenden im Hinblick auf zwei Fragestellungen:

1. Hat Steiner sie geäußert – und wenn ja, in welchem Zusammenhang?
2. Wie sind die von Glöckler geäußerten Ideen vor diesem Hintergrund einzuordnen?

Bezüglich der ersten Frage ist zunächst zu klären, wie Steiner den Zusammenhang zwischen auftretenden Ereignissen und Karma grundsätzlich definiert. Hierzu gibt es eine sehr deutliche Aussage in Steiners Fragen und Antworten im Rahmen der Aufsätze zur Anthroposophie aus der Zeitschrift Luzifer/Lucifer-Gnosis: „In der physischen Welt von ‚Zufall' zu sprechen, ist gewiss nicht unberechtigt. Und so unbedingt der Satz gilt: ‚Es gibt keinen Zufall', wenn man alle Welten in Betracht zieht, so unberechtigt wäre es, das Wort ‚Zufall' auszumerzen, wenn bloß von der Verkettung der Dinge in der physischen Welt die Rede ist. Der Zufall in der physischen Welt wird nämlich dadurch herbeigeführt, dass sich in dieser Welt die Dinge im sinnlichen Raume abspielen. Sie müssen, insofern sie sich in diesem Raume abspielen, auch den Gesetzen dieses Raumes gehorchen. In diesem Raume aber können äußerlich Dinge zusammentreffen, die zunächst innerlich nichts miteinander zu tun haben. Sowenig mein Gesicht wirklich verzerrt ist, weil es sich in einem unebenen Spiegel verzerrt zeigt, so wenig brauchen die Ursachen, die einen Ziegelstein vom Dache fallen lassen, der mich, als gerade Vorübergehenden, beschädigt, mit meinem Karma, das aus meiner Vergangenheit stammt, etwas zu tun zu haben. – Der Fehler, der da gemacht wird, besteht darinnen, dass viele sich die karmischen Zusammenhänge zu einfach vorstellen. Sie setzen zum Beispiel voraus: wenn diesen Menschen ein Ziegelstein beschädigt hat, so muss er sich diese Beschädigung karmisch verdient haben. Dies ist aber durchaus nicht notwendig. Im Leben eines jeden Menschen treten fortwährend Ereignisse auf, die mit seinem Verdienst oder seiner Schuld in der Vergangenheit durchaus nichts zu tun haben." (Steiner, 1987, GA 278, S. 361) Dies betrifft meines Erachtens selbstverständlich auch die Umstände beim Zustandekommen einer Krankheit oder Behinderung. Damit komme ich nun zu Steiners Aussagen zum Thema Karma, Schuld und Behinderung.[21]

In einem ebenfalls 1924, wenige Monate vor dem *Heilpädagogischen Kurs* gehaltenen Vortrag spricht Steiner davon, dass eine böse Tat gegenüber einem anderen Menschen zu einer „seelischen Verkrüppelung" führe, die dann zu dem Entschluss führe, in einem neuen Erdenleben diesen Fehler auszubessern: „Nehmen Sie nur an, Sie schauen zurück in ein früheres Erdenleben. Da haben Sie irgendeinem Menschen Gutes oder Böses angetan. Das Leben zwischen dem Tod und einer neuen Geburt war zwischen diesem vorigen Erdenleben und dem jetzigen Erdenleben. In diesem Leben, in diesem geistigen Leben können Sie gar nicht anders denken als: Sie sind unvollkommen geworden dadurch, dass Sie einem Menschen irgend etwas Böses zugefügt haben. Das nimmt etwas weg von Ihrem Menschenwert, das macht Sie seelisch verkrüppelt. Sie müssen die Verkrüppelung wiederum ausbessern, und Sie fassen den Entschluss, im neuen Erdenleben dasjenige zu erringen, was den Fehler ausbessert." (Steiner, 1994, GA 235, S. 60). Dies kann als ein Zusammenhang zwischen zugefügten Verletzungen, daraus resultierender „Schuld" und einer sich selbst auferlegten Notwendigkeit von Wiedergutmachung verstanden werden. Indem Steiner Karma als eine Möglichkeit sieht, begangenes Unrecht auszugleichen, entwickelt er eine der Zukunft und dem Entwicklungspotential von Menschen zugewandte anthropologische Perspektive. Ein Zusammenhang mit einer Behinderung ist allerdings – und das muss deutlich gesagt werden – hier nicht herstellbar. Zwar könnte das Wort „Verkrüppelung" bei ungenauer Lesart zu so einer Interpretation führen, bei genauem Lesen des Vortrags wird allerdings deutlich, dass Steiner mit „seelische Verkrüppelung" eher ein tiefes

21 Im *Heilpädagogischen Kurs* ist, wie bekannt, entweder von konkreten Erkrankungen oder, entsprechend dem damaligen Sprachgebrauch, von „Minderwertigkeit" (vgl. Fußnote 17) die Rede.

inneres Bedürfnis definiert, die Tat, die einer andern Person Leid zugefügt hat, wieder auszugleichen.[22]

Auf diese zukunftsgewandte und entwicklungsfreundliche Perspektive des Karma-Gedankens Steiners weist auch Jens Heisterkamp in seinem Buch *Karma neu denken* hin, wenn er schreibt: „Grundsätzlich wird der Karma-Gedanke zu sehr mit Vergangenem verknüpft. Wenn ich in einem früheren Leben einem Mitmenschen Unrecht getan habe, will ich das bei einer späteren Gelegenheit wieder ausgleichen. Das bedeutet aber nicht: Weil ich selbst Unrecht getan habe, wird nun – als vermeintlicher Ausgleich – an mir selbst ein Unrecht begangen. Nein: Ausgleich kann auch bedeuten, ich tue meinem Mitmenschen, der in meinem früheren Leben durch mich etwas erlitten hat, zum Ausgleich etwas Gutes." (Heisterkamp, 2023, S. 79). Heisterkamp, der den Karma-Gedanken als „Provokation des naturalistischen Weltbildes" (ebd., S. 35) versteht, arbeitet auch heraus, dass der im Herbst 2022 in einem Podcast der Heinrich-Böll-Stiftung durch den Journalisten Dietrich Krauss erhobene Vorwurf, „anthroposophische Behinderteneinrichtungen"[23] betrachteten „Behinderung als ein eine Strafe von Fehlverhalten aus einem früheren Leben" (Krauss, o. J.) insofern nicht haltbar ist, als Steiner „den Begriff der ‚Strafe' gar nicht im Zusammenhang mit Karma" (Heisterkamp, 2023, S. 77) verwendete. Darüber hinaus weist Heisterkamp darauf hin, dass „die Vorstellung von Bestrafung durch eine höhere Macht in religiösen Kontexten aller Art erstaunlich tief verankert" sei, „auch im konfessionellen Christentum" (ebd., S. 78) und dass es sich daher bei der Unterstellung, anthroposophische Organisationen für Menschen mit Behinderungen betrachteten die Situation ihrer Klient:innen als Strafe auch „um ein Projektionsphänomen han-

---

22 Es lohnt sich, Steiners Hinweise in diesem Vortrag zum Thema Karma und Freiheit zu lesen, die sich in seinem Verständnis keineswegs ausschließen.

23 Ich finde es an dieser Stelle nötig, darauf hinzuweisen, dass der von Krauss verwendete Begriff „Behinderteneinrichtungen" nicht mehr dem korrekten Sprachgebrauch entspricht.

deln“ (ebd., S. 78) könne. Eine meines Erachtens sehr plausible Hypothese.

Gerade vor diesem Hintergrund erachte ich es jedoch weiterführend wichtig, noch etwas genauer zu betrachten, was Steiner tatsächlich zum Thema Karma und Behinderung geäußert hat – denn letzten Endes entbinden uns die Projektionen anderer nicht von der Verantwortung, und wir müssen uns mit uns selbst auseinanderzusetzen. So machte Steiner im *Heilpädagogischen Kurs* zum Beispiel durchaus Aussagen zu möglichen Ursachen für eine Behinderung in einem früheren Leben. Diese stehen hier, das ist wichtig, in keinem eindeutigen Zusammenhang mit möglicher Schuld gegenüber anderen Menschen in einem früheren Leben. So heißt es gleich im ersten Vortrag: „Denken Sie, irgendein Zivilisationszeitalter sperre die Menschen ein in Räumen, halte sie darinnen vom Morgen bis zum Abend so, dass sie kein Interesse haben können für die Außenwelt. Wie wirkt eine solche Zivilisation? Sie schließt die Erkenntnis des Menschen von der Außenwelt ab. Und wenn ein Mensch mit diesem Abgeschlossensein durch den Tod geht und in die geistige Welt wenig Vorbedingung hineinbringt, um in dieser geistigen Welt, in der alles enthalten ist, den menschlichen Organismus kennenzulernen, aufzunehmen, so kommt ein solcher Mensch, wenn er heruntersteigt auf die Erde, mit einer geringeren Kenntnis herunter als einer, der sich einen freien Blick für seine Umgebung erworben hat … Und wir werden davon sprechen, was unsere Zivilisation bewirkt und warum deshalb minderwertige Kinder[24] auftreten. Diejenigen Menschen, die heute abgeschlossen leben von der Welt, die werden alle einstmals herunterkommen mit Unkenntnis des menschlichen Organismus, und sie werden sich wählen die Vorfahren, die sonst unfruchtbar bleiben würden.“ (Steiner, 1995, GA 317, S. 20f.) Und dann später im

24 Zum Gebrauch des Begriffs „minderwertig“ und anderer heute nicht mehr akzeptabler Begriffe durch Steiner im Verlauf des *Heilpädagogischen Kurses* vgl. Domeyer (2009).

2. Vortrag: „Nehmen Sie etwa an, Sie haben einen Menschen, von dem man sagt, er sei schwer geistig krank, und Sie können so, wie es heute üblich ist, psychographisch, das heißt in den Symptomen, beschreiben: Er macht die allerverrücktesten Sachen – nach der Ansicht, die eben bestehen muss … Sehen Sie, dasjenige, was da vorliegt, ist dieses: Dieser Mensch, der heute also als ein ganz verrückter sich auslebt, der kann unter Umständen eine sehr bedeutende Inkarnation gewesen sein in früheren Zeiten, in genialischer Weise sich in früheren Zeiten ausgelebt haben irgendeinmal. Aber sagen wir, dieses geniale Ausleben wäre in einer zweiten zurückliegenden Inkarnation dagewesen … Dann wäre eine andere Inkarnation gefolgt, in der man den betreffenden Menschen in verhältnismäßig frühem Alter eingekerkert hat, so dass er gar nicht mit der Welt in Beziehung gekommen ist. Dann ist er durch den Tod gegangen und hat weitergelebt. Dann ist er als verrückter Mensch wiedererschienen. Gerade deshalb, weil das, was er in der Inkarnation aufgenommen hat, vollständig außer dem Bereich des Erlebens des physischen und ätherischen Leibes geblieben ist, deshalb hat er nicht Gelegenheit gehabt, es zu verarbeiten, und er kommt daher in völliger Unkenntnis des Inneren des menschlichen Leibes zur Inkarnation, er kann nicht hinein in den physischen Leib und Ätherleib, bleibt immer draußen, und, weil er sich nicht bedienen kann des physischen Leibes, ist er eben verrückt." (Steiner, 1995, GA 317, S. 36f.) Steiner stellt hier also einen Bezug zwischen Freiheitsentzug und einer aufgrund mangelnder Erfahrung entstandenen, gewissen Unkenntnis physisch-leiblicher Zusammenhänge her. Ein eindeutiger Zusammenhang zwischen einer unmoralischen Tat oder „Schuld" wird jedoch nicht suggeriert, worauf Helmut Klimm bereits 1974 hingewiesen hat (Klimm, 1974, S. 26). Menschen können ja aus unterschiedlichsten Gründen eingesperrt sein, eben auch völlig ohne eigenes Zutun.

14 Jahre zuvor allerdings, in der Vortragsreihe *Wege und Ziele des geistigen Menschen – Lebensfragen im Lichte der Geisteswissenschaft* hatte Steiner im Münchner Vortrag *Karmische Wirkungen.*

Anthroposophie als Lebenspraxis am 9. Dezember 1910 etliche Bezüge zwischen als unmoralisch bewerteten Verhaltensweisen in einem Leben und einer „schwachen Organisation“ in einem späteren Leben hergestellt: „Wenn wir jetzt von einer Inkarnation in die andere übergehen, so müssen wir sagen: In einer Inkarnation können sich die karmischen Wirkungen eigentlich nur seelisch zeigen … Da zeigen sich die Wirkungen des Neides in gewissen Schwächen und in Unselbständigkeit, die Wirkungen der Lügenhaftigkeit in der Scheuheit, die Wirkungen von Wohlwollen und Zufriedenheit, so wie ich es Ihnen geschildert habe … Und während wir uns seelisch zu unselbständigen Menschen machen in einer Inkarnation durch Neid und Tadelsucht, wirken diese den Leib schwach konstituierend, ihn schwach aufbauend in die nächste Inkarnation hinüber. Es wird ein schwacher Leib aufgebaut von einem, der früher vom Neid geplagt war oder von maskiertem Neid, von Tadelsucht, Kritikasterei.“ (Steiner, 1992b, GA 125, S. 216f.) Aufgrund seiner Annahme, dass in einem nachfolgenden Leben erneut eine Beziehung z.B. zwischen den beneidenden und beneideten Menschen besteht (Steiner, 1992b, GA 125, S. 217), entwickelt Steiner dann eine Idee, welches Verhalten er für richtig hält: „Was sollen wir nun tun gegenüber einem solchen schwachen Menschenkinde? … Wir können sozusagen ein solches Menschenkind wie einhüllen in eine Atmosphäre von immer wieder rege gemachten Verzeihungsgefühlen. Wenn man das täte im Leben, wenn man sich zusammengeführt fühlt mit Menschen, die schwach sind, und würde nicht bloß theoretisch die Idee des Verzeihens fassen, sondern immer erneut in der Seele die Empfindungen rege machen, ich habe dir etwas zu verzeihen, ich will dir verzeihen, und immer erneuern dieses Gefühl, dann wäre das eine praktische Einführung der anthroposophischen Gesinnung ins Leben.“ (Steiner, 1992b, GA 125, S. 217f.)

Derartige Gedanken könnten nun dazu verleiten, eine verallgemeinernde Beurteilung zu konkreten Personen vorzunehmen. Dies ist aus mehreren Gründen problematisch, denn die zunächst scheinbar wohlwollend-positiv erscheinende Aktivität des „Verzeihens“ beruht auf der Annahme, dass konkret etwas vorgefallen sei, das es zu verzeihen gelte. Folge ich nun dieser Steiner'schen Empfehlung des Verzeihens, konstruiere ich mich überdies als Person, der zu verzeihendes Unrecht geschehen sei. Dabei habe ich gar keine sichere Beurteilungsgrundlage, wie es zu der aktuellen Situation der Person, der ich „verzeihe“, gekommen sein mag – einzig und alleine deren „schwache Organisation“ hat zu meinem Urteil und meinem Verhalten geführt. Nun könnte möglicherweise der Einwand erfolgen, Steiner habe diese Beurteilungsgrundlage aufgrund seiner inneren Schulung gehabt. Aber selbst wenn ich davon ausginge, dass dies so gewesen sei – und Steiner sich in dieser Situation auch nicht geirrt habe –, so bleibt doch die Problematik bestehen, dass es, wie oben dargestellt, auch gemäß Steiners Darstellungen zu Karma an anderer Stelle gar keinen linearen Zusammenhang zwischen Phänomenen und Karma gibt, schon gar keinen verallgemeinerten.

Erschwerend kommt hinzu, dass Steiner überhaupt nicht definiert, was genau er hier mit einer „schwachen Organisation“ meint. Wenn ich also diese verallgemeinerte, sehr unspezifische Darstellung auf konkrete Personen „anwende“, handelt es sich um nichts anderes als eine unzulässige und rein spekulative Übertragung. Im Zweifelsfall tue ich konkreten Mitmenschen – insbesondere, wenn sie in einem Abhängigkeitsverhältnis zu mir stehen, wie im Fall von Kindern, die Steiner ja hier konkret nennt – nicht nur in meiner Interpretation ihrer Situation unrecht, sondern verhalte mich ihnen gegenüber auch unsachgemäß, d.h. meine Haltung passt gar nicht zur realen Situation zwischen uns. Zwar könnte nun jemand einwenden, dass eine allgemeine Haltung des „Verzeihens“ gegenüber meinen Mitmenschen ja keinen Schaden anrichten könne. Dahinter steht hier jedoch eine Annahme, die der individuellen Situation dieser Menschen unter Umständen keinesfalls gerecht wird. Fruchtbarer fände ich, ganz grundsätzlich meine – von Steiner ebenfalls in diesem Vortrag beschriebenen – Fähigkeiten zum gegenseitigen Wohlwollen zu entwickeln und dies in Interaktionen zwischen mir und anderen zu üben.

Damit komme ich zu meiner zweiten Frage, wie vor diesem Hintergrund Aussagen wie die oben nach Glöckler zitierten einzuordnen sind. Vorab sei gesagt, dass mir bewusst ist, dass die Gedanken von Reinkarnation und Karma von Betroffenen, Angehörigen und Fachpersonal in der Vergangenheit unter Umständen auch als hilfreich empfunden wurden, weil sie scheinbar eine mögliche Erklärung für das Erleben der Ungerechtigkeit von Leid bieten könnten. Auch ich halte, das sei an dieser Stelle deutlich gesagt, den Gedanken von Reinkarnation und Karma für fruchtbar, sofern er sich in der oben erwähnten und von Heisterkamp (2023) dargestellten Orientierung auf die Zukunft zeigt. Dennoch sehe ich eine Reihe an Schwierigkeiten, die sich ergeben können, wenn Ideen wie die soeben dargestellte des „Verzeihens" (Steiner, 1992b, GA 125, S. 217f.) ergeben können: Zunächst verbietet es sich meines Erachtens – und auch ohne den Bezug zu einer angeblichen „Schuld" in einem früheren Leben – ohnehin, Spekulationen über irgendwelche karmischen Zusammenhänge im Hinblick auf eine andere Person anzustellen. Eine Erkenntnis dieser Art kann, das will ich gar nicht in Abrede stellen, unter Umständen ein Mensch über sich selbst gewinnen. Dennoch können Versuche, etwas über das eigene Karma zu erfahren, auch zu großen Problemen führen, wenn sie in einer instabilen Seelenverfassung (vgl. Kapitel 7) oder vor dem Hintergrund verallgemeinernder Annahmen erfolgen. Ich habe im anthroposophischen Kontext immer wieder Menschen erlebt, die versuchten, schweres Unrecht, das ihnen in diesem Leben zugestoßen ist (z. B. Missbrauch oder Gewalt), „karmisch" zu erklären. Es fielen dann Sätze wie „Vielleicht habe ich das ja nicht anders verdient …". Besser geht es der betroffenen Person dadurch allerdings meiner Erfahrung nach in der Regel nicht, unter Umständen entsteht sogar eine Abwärtsspirale schwer belastender Schuldgefühle, und evtl. bestehende Selbstzweifel oder gar eine Depression werden verstärkt. Auch hier will ich nicht in Abrede stellen, dass ein derartiger Gedanke auch entlastend wirken könnte. Entscheidend ist letztlich, inwiefern die Frage nach einem karmischen Zusammenhang in einer konkreten Situation dazu führt, dass die Person die Gegenwart freier gestalten kann – und inwiefern sie das Gegenteil bewirkt. Beides ist möglich. Zentral ist auch hier der in Kapitel 7 dargestellte Zusammenhang zwischen seelischer Stabilität und einem spirituellen Erkenntnisweg.

Die Gefahr ist nun noch weit größer, wenn es um eine andere Person geht. Und wenn dann gar ein Zusammenhang zwischen einer angeblichen Schuld und einer Behinderung hergestellt wird, haben wir meines Erachtens ein ernstes Problem. Denn auch eine ganz allgemein formulierte Hypothese oder „Denkmöglichkeit" wie die Glöckler'sche wurde in der Geschichte anthroposophischer Einrichtungen meines Wissens auf konkrete Personen „angewandt". Dies mögen Einzelfälle gewesen sein, das macht sie aber nicht weniger relevant. Denn jedes Einzelschicksal ist von hoher Bedeutung. Und selbst wenn derartige Zuschreibungen nicht direkt gegenüber der betroffenen Person (oder auch gar nicht) ausgesprochen wurden, führen eben bereits innere Denkbewegungen, Hypothesen, Annahmen und Zuschreibungen zu Wahrnehmungs- und Verhaltensveränderungen, haben also eine Auswirkung auf die betroffenen Personen. Auch unausgesprochene Zuweisungen dieser Art sind gefährlich, da sie die interpersonelle Dynamik verändern. Im Zweifelsfall können sie dazu führen, dass die betroffenen Personen tatsächliche Schuldgefühle entwickeln, sich latent „nicht richtig" fühlen und in ihrer Entwicklung schwer gehemmt werden. Besonders gefährlich ist eine solche Situation in Zusammenhang mit der heil- und inklusionspädagogischen oder sozialen Arbeit mit Menschen in Abhängigkeitsverhältnissen, z. B. Kindern und Jugendlichen oder Menschen mit Assistenzbedarf. Haben diese Menschen bereits traumatische Erfahrungen gemacht, wie im Sozialwesen häufig der Fall, droht die Gefahr einer Retraumatisierung. Die Idee einer „karmischen Schuld" als Ursache von Krankheit oder Behinderung darf daher – das muss ganz deutlich gesagt sein

– niemals Ausgangspunkt (heil)pädagogischen, ärztlichen, psychologischen oder therapeutischen Handelns sein!

8.2 Die Aufarbeitung von Leid und Gewalt und ein neues Selbstverständnis

Aufgrund der beschriebenen grundsätzlichen Problematik und möglicherweise daraus resultierender Alltagsdiskurse und Praktiken innerhalb der anthroposophischen Heil- und Inklusionspädagogik ergibt sich weiterführend eine besondere Notwendigkeit der Aufarbeitung und Verantwortungsübernahme für entstandenes Leid. Dabei ist mir wichtig klarzustellen, dass es auch hier selbstverständlich nicht um Schuldzuweisungen geht. Ganz klar ist, dass die Frage nach „Schuld" im weitesten Sinne nochmal eine ganz eigene ist, die einer gründlichen Untersuchung bedürfte. An dieser Stelle sei nur so viel gesagt: Die Konzeption von Schuld wurde in der Geschichte der Menschheit immer wieder auch, und sicherlich jeweils mehr oder weniger bewusst, eingesetzt, um Macht auszuüben, sowohl von Individuen als auch von Organisationen. Psychologisch gesehen kommt hinzu, dass Schuldgefühle – ganz gleich ob im Hinblick auf real zugefügtes Leid oder auf ein nur behauptetes, tatsächlich gar nicht durch die Person verursachtes – eine ausgesprochen lähmende und chaotisierende Wirkung haben können. Viel sinnvoller für eine auf die Zukunft gerichtete Aufarbeitung von Leid ist daher die Frage der Übernahme von Verantwortung. In diesem Sinne hat auch die anthroposophische Heil- und Inklusionspädagogik die Aufgabe, Verantwortung für das durch ihre Diskurse und in ihren Strukturen entstandene Leid zu übernehmen – und zwar durchaus auch durch die pro-aktive Initiierung von Aufarbeitungsprozessen. Denn hier stehen wir noch ganz am Anfang.

In den Jahren 2018–2021 hat die *Stiftung Anerkennung und Hilfe* Einrichtungen der Behindertenhilfe und der Psychiatrie im Hinblick auf Gewalterfahrungen untersucht. Die Forschungsgruppe untersuchte die Unterbringungssituation von Kindern und Jugendlichen in Einrichtungen der Behindertenhilfe und Psychiatrie in der BRD (1949–1975) und der DDR (1949–1990) (Fangerau et al., 2021).[25] Anthroposophische Einrichtungen waren damals – vermutlich, weil sie eine zu kleine Gruppe darstellen – nicht Forschungsgegenstand. Es wäre jedoch naiv und wirklichkeitsfremd, davon auszugehen, dass die untersuchte Thematik hier keine Rolle spiele. Im Gegenteil, auch aus anthroposophischen Einrichtungen, die mit Menschen arbeiten – d. h. Waldorfkindertagesstätten und -schulen sowie Einrichtungen der Eingliederungshilfe und Kinder- und Jugendhilfe – sind konkrete Fälle physischer, sexualisierter und psychischer Gewalt bekannt. Bisher liegen jedoch kaum kritische und systematische Auseinandersetzungen mit dieser Problematik vor. Eine Ausnahme stellt Peter Groß' Analyse einer solchen Situation in Tennental, einer anthroposophischen Dorfgemeinschaft, dar.

Groß zeigt auf, inwiefern die von ihm analysierte Dorfgemeinschaft Merkmale einer gemäß Goffman „totalen Institution" (1973, S. 16) aufweise, denn „während in Regelinstitutionen wie Kindergärten oder Schulen die grundlegende soziale Ordnung geachtet wird, ‚nach der der einzelne an verschiedenen Orten schläft, spielt, arbeitet – und dies mit wechselnden Partnern, unter verschiedenen Autoritäten und ohne einen umfassenden rationalen Plan' (Goffman, 1973, S. 17), haben andere soziale Einrichtungen einen idealtypisch davon abweichenden, ‚totalen' Charakter. Hier sind die drei Lebensbereiche nicht voneinander getrennt. Das Leben findet an einem Ort gemeinsam mit einer großen Gruppe von Schicksalsgenossen in geplanter Art und Weise statt. Das planhafte Zusammenleben wird unter einer Autorität organisiert, die von den Insassen erwarteten

25 Die Stiftung Anerkennung und Hilfe war ein zeitlich befristetes Hilfesystem für Menschen, die als Kinder und Jugendliche in der Zeit vom 23. Mai 1949 bis zum 31. Dezember 1975 in der Bundesrepublik Deutschland bzw. vom 7. Oktober 1949 bis zum 2. Oktober 1990 in der DDR in stationären Einrichtungen der Behindertenhilfe oder der Psychiatrie Leid und Unrecht erfahren haben.

Tätigkeiten werden von dieser in einem rationalen Plan zusammengefasst (vgl. ebd.). Unter den genannten Kriterien lässt sich auch die Dorfgemeinschaft Tennental als eine totale Institution fassen." (Groß, 2022, S. 40) Groß weist in seiner Analyse nach, dass das „sozialtherapeutische Paradigma … nicht nur zu einem Erleben von Sicherheit und Wohlbefinden (führt), sondern auch zu einem Verzicht auf Selbstbestimmung zugunsten primärer Anpassungsleistungen. Darüber hinaus provoziert es bei den Klient:innen sekundäre Anpassungsleistungen, die vom Personal möglicherweise als Verhaltensauffälligkeiten oder Verhaltensstörungen interpretiert und missverstanden werden." (Groß, 2022, S. 44) Und weiter: „Die strukturellen Bedingungen, die die Dorfgemeinschaft Tennental als eine Einrichtung mit einem totalen Charakter kennzeichnen, reproduzieren und verfestigen die bestehenden sozialen Abhängigkeiten zwischen den Tennentaler Bürger:innen mit Behinderung zu ihren Unterstützer:innen. Da Abhängigkeitsbeziehungen durch ein Machtungleichgewicht gekennzeichnet sind, stehen all jene Personen, die über ein geringes Maß an Handlungsmacht verfügen, in einem direkten Gewaltverhältnis zu jenen Personen, die über ein hohes Maß an Handlungsmacht verfügen und/oder formal mit einem höheren Maß an Handlungsmacht ausgestattet sind … Es ist demnach davon auszugehen, dass die vorgefallenen sexuellen Übergriffe in den Jahren 2005 bis 2010 durch den totalen Charakter der Dorfgemeinschaft begünstigt wurden." (Groß, 2022, S. 44)

Es geht also, wie auch in nicht-anthroposophischen Einrichtungen, auf der einen Seite um eine system-immanente und heutzutage weithin bekannte, institutionelle Gewalt, und auf der anderen Seite um individuelle Übergriffe, z. B. infolge eigener erlebter Traumata und Persönlichkeitsstörungen oder auch „nur" aufgrund ungenügender Gefühlsregulation seitens der Fachkräfte (vgl. Kapitel 7). Die Analyse von Groß zeigt allerdings, dass wir als anthroposophisch orientiertes Sozialwesen zusätzlich ein uns eigenes – und daher auch von uns proaktiv und selbstverantwortlich zu bearbeitendes – Problem haben. Ähnlich wie in kirchlichen Institutionen tritt eine kulturell-diskursive Komponente hinzu: Welchen Einfluss haben Überzeugungen, Ideale und Glaubenssätze wie die in diesem Text benannten auf Alltagsdiskurse und -praxis?

Im Kontext der von Groß analysierten anthroposophisch orientierten Dorfgemeinschaft geht es um die Idee, eine Gemeinschaft an sich habe „heilende" Eigenschaften – auch der Begriff *Sozialtherapie* verweist auf diese Annahme, weswegen der Begriff Sozialwesen mir insgesamt passender erscheint (vgl. Fußnote 1). Groß nimmt diese Annahme in den Blick und benennt ihre Schwierigkeit: „Das kulturell-kognitive System versieht die Dorfgemeinschaft auf diesem Wege mit der Idee einer ‚heilenden' Umwelt, die anthroposophisch-sozialtherapeutisch zu gestalten ist … Auf der einen Seite ist es denkbar, dass Therapie dem bzw. der Betroffenen dient und dazu beiträgt, dass beeinträchtigte Selbstorganisationsprozesse überwunden werden können. Auf der anderen Seite kann Therapie aber auch einen normativen Charakter im Sinne von Verhaltenskontrolle und Zwang verfolgen, die weniger den Betroffenen, sondern vielmehr der Aufrechterhaltung herrschender sozialer Ordnungen dient (vgl. Jantzen 1990, 317ff.) … Die anthroposophische Sozialtherapie kann sich als heilender gemeinschaftlicher Dialog verwirklichen, aber auch als unheilvolle Institutionalisierung gemeinschaftlichen Zusammenlebens." (Groß, 2022, S. 39f.) Damit zeigt Groß in seiner Analyse, dass innerhalb der von ihm analysierten Dorfgemeinschaft eine hohe Ambivalenz dahingehend besteht, dass die Paradigmen eines empowernden, teilhabeorientierten und inklusiven Sozialwesens zwar geteilt werden, dass jedoch gleichzeitig Diskurse und Praktiken vorliegen, die diesen Paradigmen widersprechen oder zumindest deren Umsetzung erheblich erschweren. Groß spricht hier von einem „Feld der Wertediffusion" und „widersprüchlichen Begründungslinien". (Groß, 2022, S. 41)

Ich würde vermuten, dass diese Ambivalenzen unter anderem entstehen, weil während ihrer über einen langen Zeitraum entstandenen diskursiven und alltagspraktischen Entwicklung nicht genügend Bewusstsein für folgende Tatsache bestand und besteht: Menschen leben im Spannungsfeld zwischen den komplementären Bedürfnissen nach Autonomie auf der einen und nach Verbindung auf der anderen Seite. Je nach Person, deren Biographie und aktuellen Situation bestehen dabei unterschiedlich starke Tendenzen zu der einen oder anderen Seite. Dies kann im Extremfall zu starker Angst vor einer dieser Tendenzen bzw. zu hoher Abhängigkeit von der ihr jeweils gegenüberliegenden Tendenz führen, z. B. Angst vor Autonomie bei gleichzeitiger hoher Symbiose-Sehnsucht. Fritz Riemann hat dies – mit Beschreibung zweier weiterer polarer Tendenzen, auf die ich hier nicht eingehen kann – als die vier „Grundformen der Angst" erforscht (vgl. Riemann, 2007). Unter Umständen, z. B. vor dem Hintergrund sehr widersprüchlicher frühkindlicher Bindungserfahrungen, stehen Menschen sogar im Spannungsfeld der Sehnsucht nach oder der Angst vor *beiden* Seiten einer solchen polaren Dynamik. Eine Aufhebung dieser ganz grundsätzlichen seelischen Ambiguität ist nicht möglich, sondern es geht – ähnlich wie in der Punkt-Kreis-Meditation – darum, beide Pole und ihre wechselseitige Bedingtheit anzunehmen und bewusst wahrzunehmen. Das gilt für die eigene Seele wie auch für die Interaktion und Begegnung mit Menschen in diesem Erlebensfeld, d. h. in Beziehungen jeder Art, seien diese ganz persönlich (z. B. eine Partnerschaft oder Familie) oder beruflich, z. B. in Teams.

Was nun in diesem Zusammenhang die Gemeinschaftsfrage betrifft, so haben einige Menschen in diesem Spannungsfeld selbstverständlich unter Umständen auch ein Bedürfnis nach einer wie auch immer gearteten Gemeinschaft und sollten dieses gemäß ihren Wünschen verwirklichen können. In Zusammenhang von Lebens- oder Wohngemeinschaften im Feld der Kinder- und Jugend- sowie Eingliederungshilfe ist jedoch zu beachten, dass es sich bei einer solchen Wohn- und Lebensform immer *auch* um eine Institution handelt. Dies gilt schon rein rechtlich und wirtschaftlich gesehen, aber auch bezüglich der Entscheidungsmomente, die zunächst in eine solche „gemeinschaftliche Institution" hineinführen. Es geht also um den Freiheitsgrad der Entscheidung, in einer solchen Gemeinschaft zu leben und um den Freiheitsgrad an konkreter Mitgestaltung, den Menschen in einer bestimmten Situation (z.B. mit oder ohne Behinderung) haben oder eben nicht. Wird diese Tatsache der teilweisen Autonomiebeschränkung dann auch noch durch eine Idealisierung des Gemeinschaftsbegriffs diskursiv verschleiert, haben die betroffenen Menschen unter Umständen nicht einmal mehr die innere Freiheit, mit ihrer Situation nicht zufrieden zu sein (!) und auf deren Änderung hinzuwirken. Dies wird noch erschwert, wenn die betroffenen Menschen auf die Assistenz derer angewiesen sind, die diese Lebensform tatsächlich aus tiefer innerer Überzeugung, also frei, gewählt haben.

Insofern nicht alle ihre Mitglieder sie in völliger Freiheit gewählt haben, kann eine Gemeinschaft – auch wenn sie unter Umständen umfassende Bedürfnisse einiger ihrer Mitglieder und sicherlich partiell auch Bedürfnisse aller ihrer Mitglieder erfüllt – meines Erachtens nicht als *per se* heilsam definiert werden. Nun ist entscheidend, dass Freiheit in diesem Sinne voraussetzt, dass die Ambiguität erkannt und integriert wird. Dies erfordert, dass auch diejenigen, die diese Gemeinschaft „frei" gewählt haben – in der Regel zunächst die für ihre Tätigkeit innerhalb einer solchen Gemeinschaft direkt oder indirekt vergüteten Personen mit einer Rolle als Mitarbeitende – sich nicht nur des rollenbedingten Machtgefälles, sondern auch ihrer eigenen inneren Dynamiken in diesem Zusammenhang bewusst werden. Da eine solche Bewusstwerdung häufig eine Auseinandersetzung mit herausfordernden oder sogar traumatisierenden biographischen Erfahrungen erfordert, ist diese nicht von vornherein gegeben. Im Gegenteil, sie unterliegt zunächst angstbedingten Abwehrmechanismen und erfolgt daher häufig erst, wenn der Leidensdruck entsprechend hoch ist. Das Gemeinschafts-Setting kann vor diesem Hintergrund selbstverständlich „heilsam" sein, insofern es unter Umständen einen sicheren Ort bietet, kann aber ebenso die Auseinandersetzung mit den Erlebnissen oder inneren Dynamiken erschweren, die in eine solche Gemeinschaft geführt haben – und damit die eigentlich biographisch notwendige Individuation behindern oder sogar verunmöglichen. Da solche Dynamiken dazu führen können, dass andere Menschen Gewalt ausgesetzt werden, insbesondere subtiler psychischer Gewalt, ist dies eine ernste Problematik.

Meine Hypothese ist nun, dass vor diesem Hintergrund in Gemeinschaftssettings das Hinterfragen von „gemeinsamen" – häufig aber vor dem soeben beschriebenen psychodynamischen Hintergrund entstandenen und eigentlich sehr persönlichen – Grundannahmen unbewusst als Bedrohung wirken kann. Am deutlichsten ist dies, wenn Diskurse und Praktiken, die direkt die Gemeinschaftsidee betreffen, nicht mehr selbstverständlich hingenommen werden, z. B. die Idee, ein gemeinsames Sonntagsfrühstück sei auf jeden Fall positiv zu bewerten.

Eine für die nächsten Jahre zentrale Fragestellung wird daher sein, inwiefern der für die Identität einiger anthroposophischer Organisationen der Eingliederungs- sowie Kinder- und Jugendhilfe zentrale „Gemeinschafts"-Begriff durch das aus der Traumapädagogik stammende Konzept eines *sicheren Ortes* abgelöst werden kann – und welche Formate sich daraus ergeben werden.

Weiterführend gehe ich davon aus, dass die in diesem Text analysierten speziellen Diskurse von Schuld und Karma sowie andere in Alltagsdiskurs und Alltagspraxis nur ungenau ergriffene Ideen aus der Anthroposophie zu weiteren erheblichen Schwierigkeiten führen können. Warum diese Ideen in sich zu befragen sind, habe ich oben dargestellt. Diese Problematik wird nun im Kontext der Grundannahme, sich auf jeden Fall in einem guten oder „heilsamen" Setting zu bewegen, erheblich verschärft. Dies gilt im Übrigen meiner Wahrnehmung nach nicht nur für das Gemeinschafts-Modell im anthroposophischen Sozialwesen, sondern zu einem hohen Grade auch für den internen anthroposophischen Diskurs überhaupt. Zwar gehe ich aufgrund meiner Gespräche mit vielen Menschen davon aus, dass die spezielle Idee eines Zusammenhangs zwischen „karmischer Schuld" und Behinderung heute kaum noch

Anhänger:innen hat. Dennoch halte ich vor diesem Hintergrund aufrecht, dass anthroposophische[26] Diskurse, die zu fragwürdigen Interpretationen und Verhalten bzw. dessen Rechtfertigung geführt haben oder schlimmstenfalls heute noch führen können, dringend kritisch analysiert werden müssen. So selbstverständlich eine solche Analyse auf den ersten Blick erscheint, so schwierig ist sie doch in einem bis zu einem gewissen Grade idealisierten Umfeld.

In der von Groß analysierten Situation in der Dorfgemeinschaft Tennental ging es um sexualisierte Gewalt. Gewalt ist jedoch in vielen, oft subtileren und nicht auf den ersten Blick erkennbaren Formen zu finden. So ist die Idee, dass Gemeinschaft per se therapeutisch oder „heilsam" wirke, dann problematisch, wenn diese „Gemeinschaft" ihre Mitglieder gewissen Ideologien unterwirft, die nicht partizipativ und frei (d.h. unideologisch oder zumindest reflektiert-ideell) entwickelt wurden. Dann werden von denjenigen, die qua Rolle oder Kompetenz autonomer definieren und handeln können, Strukturen geschaffen, denen diejenigen unterworfen werden, die dies ohne Assistenz nicht so einfach tun können. Dies geht so weit, dass eine solche „Gemeinschaft" ihren Mitgliedern ohne äußere Not unterschiedliche Freiheitsgrade zugesteht, jeweils ideologisch begründet. Ich selbst habe in der Vergangenheit Praktiken wie den nur den „Mitarbeiterfamilien" zugänglichen Fernseher oder nachts abgeschlossene Kühlschränke erlebt. Hier wurde nicht nur strukturelle, sondern auch ideologische Gewalt ausgeübt, denn an der Entscheidung, welche Handlungen und Erlebnisse zulässig seien oder nicht, waren die davon Betroffenen nicht beteiligt, und der Ausschluss wurde jeweils mit einer angeblichen Schädlichkeit, z.B. für die Gesundheit oder das gemeinschaftliche Sozialleben, begründet. Auch wenn derartige Beispiele inzwischen hoffentlich der Vergangenheit angehören, stellt Groß noch 2022 fest: „Aktuelle

26 Ich möchte explizit darauf hinweisen, dass es mir hier nicht um die Frage geht, was denn eigentlich „anthroposophisch" ist oder nicht. Es geht lediglich um die Frage, welche Ideen, Diskurse und Alltagspraktiken in Organisationen leben, die sich als anthroposophisch bezeichnen.

sozialpolitische Anforderungen an soziale Einrichtungen (Inklusion und Personenzentrierung) integrieren das kulturell-kognitive System der Dorfgemeinschaft in das anthroposophische Grundanliegen der Sozialtherapie. Die sich bietende Möglichkeit, negative Effekte der sozialtherapeutischen Konzeption zu identifizieren, zu diskutieren und gegebenenfalls zu verändern, wird aktuell nicht ergriffen. Stattdessen wird der totale Charakter, der mit den anthroposophischen Ideen einer idealen Menschwerdung in einer idealen Gemeinschaft verbunden ist, institutionell aufrechterhalten und konzeptionell reproduziert." (Groß, 2022, S. 44)

Selbstverständlich kann dies nicht nur in der von Groß analysierten Form einer anthroposophischen Dorfgemeinschaft auftreten, sondern auch in anderen – anthroposophischen wie nicht-anthroposophischen – Settings, die von Selbst-Idealisierung geprägt sind und sich nicht kritisch hinterfragen. So treten denn problematische Diskurse innerhalb der anthroposophisch orientierten Heil- und Inklusionspädagogik nicht nur in Gemeinschaften auf, sondern auch in anderen Kontexten. Aus einer „inklusiven Waldorf-Kindertagesstätte" wurde mir in jüngerer Zeit persönlich folgende Szene berichtet: Ein Kind mit „herausforderndem Verhalten" wird mit einem Tuch an seinen Stuhl festgebunden. Das Argument war, dies bringe das Kind aus „anthroposophischer Sicht" innerlich zur Ruhe und fördere seine leiblich orientierten Sinne und die Körperwahrnehmung. Es muss ganz klar gesagt werden: Nein! Vielmehr haben wir es hier mit körperlicher Gewalt, Freiheitsentzug und extremer seelisch-sozialer Demütigung zu tun.

Ein weiteres Beispiel ist mir sowohl aufgrund meiner eigenen Schulzeit als auch aufgrund persönlicher Erzählungen der jüngeren Zeit aus diversen Waldorfschulen bekannt. Hier wird nicht selten folgendes „Unterrichtsspiel" durchgeführt: Die ganze Klasse stellt sich hin, die Lehrkraft stellt dann Fragen zu einem Unterrichtsgegenstand. Wer eine Frage beantwortet hat, darf sich hinsetzen. Wer keine Frage beantworten kann – oder länger nicht „drangenommen" wird, was vielfältige Gründe haben, die mit dem Kind selbst nichts zu tun haben –, bleibt stehen. Zunächst sei auch hier ganz klar gesagt: Es handelt sich um eine Form der Gewaltausübung. Die betroffenen Kinder, die länger stehen müssen, werden mit ihrem nicht vorhandenen (bzw. aufgrund der Situation blockierten) Wissen vor ihrer Klasse bloßgestellt – ganz abgesehen davon, dass langes Stillstehen ohne Bewegung auch keine gesunde Maßnahme ist. Wer sich in die Kinder, die nach längerer Zeit noch stehen, hineinversetzen kann, der erlebt Ausgeliefertsein, Demütigung und einen Angriff auf das Selbstbewusstsein. Dieses „Spiel" hat also mit dem anthroposophischen Menschenverständnis nichts zu tun, sondern entstammt einem Kapitel düsterer Pädagogik. Der Rückgriff auf eine solch unmenschliche Methode ist sehr wahrscheinlich ein Produkt pädagogischer Überforderung und wäre methodisch allenfalls einem primitiven Behaviorismus zuzuordnen.

Auch wenn diese beiden Beispiele hoffentlich nicht den gängigen Alltag in anthroposophisch inspirierten Einrichtungen bilden, so sind sie doch nur zwei von vielen gemeldeten Gewalt-Erfahrungen in diesen Kontexten und verdeutlichen Folgendes: Eine Klärung existierender Praktiken und Diskurse ist nicht nur wegen der nötigen Wiedergutmachung gegenüber den Betroffenen unabdingbar, sondern auch für die Zukunft einer anthroposophisch inspirierten Heil- und Inklusionspädagogik. Für eine nachhaltig positive und selbstkritische Entwicklung dieses Ansatzes gilt es zu differenzieren, welche entweder von Steiner geäußerten oder in der Sekundärliteratur und in Alltagsdiskursen entstandenen Ideen, Überzeugungen und Ansätze in Zukunft Grundlage für eine anthroposophisch inspirierte Heil- und Inklusionspädagogik bilden können, und von welchen es sich zu verabschieden gilt.

Gerade im Hinblick auf die Sekundärliteratur sowie die Alltagsdiskurse der anthroposophischen Heil- und Inklusionspädagogik wird daher in den nächsten Jahren gründlich zu analysieren sein, auf welcher Basis als „anthroposophisch" dargestellte oder erlebte Vorstellungen und Ansätze jeweils entwickelt wurden, in welchem Verhältnis sie zur Steiner'schen Darstellung stehen, inwiefern die in anthroposophisch orientierten Organisationen zu findenden Diskurse und Alltagspraktiken den Bedürfnissen von Kindern, Jugendlichen und Erwachsenen mit Assistenzbedarf entsprechen und in welchem Verhältnis sie zu heutigen Paradigmen stehen. Konkret sind im Wesentlichen folgende Fragestellungen zu beachten:

1. Welche Aussagen über die Situation von Menschen mit einer Behinderung hat Rudolf Steiner tatsächlich getroffen, und wie sind diese aus heutiger Sicht zu beurteilen? (Müller, 2021, 2023)
2. Welche Aussagen sind in der Sekundärliteratur entstanden, und wie sind diese im Verhältnis zu 1. und aus heutiger Sicht einzuordnen?
3. Wo und wie treten heute, und/oder traten in der Vergangenheit problematische oder unmenschliche Diskurse konkret in Erscheinung?
4. Sofern diese Diskurse eine Auswirkung auf die Alltagspraxis hatten und/oder noch haben – welche Folgen hat dies für die Menschen, die sie verwenden oder die ihnen unterliegen?
5. Wie kann heutige anthroposophische Methodik in ein neues, dialogisches Verhältnis zu anderen Ansätzen gestellt werden (im Sinne des in diesem Text in Kapitel 7 dargestellten Versuchs), um der Gefahr zu entgehen, sich in eine diskursive Sonderwelt zu exkludieren? (vgl. Schieren, 2011)

Der Aufruf an die anthroposophische Heil- und Inklusionspädagogik ist also, ihr Selbstverständnis deutlicher zu entwickeln und zu aktualisieren, auch und gerade in den Alltagsdiskursen und -praktiken. Denn mir ist bewusst, dass dies nicht rein diskursiv, durch Forschung, Veröffentlichungen, Bücher oder Stellungnahmen geschehen kann, insofern heil- und inklusionspädagogische Praxis intuitiv und aus der Beziehung heraus gestaltet werden muss. Es geht also nicht darum, für jede Situation Handlungsvorschriften zu setzen – dies widerspräche auch dem der Anthroposophie immanenten Freiheitsgedanken –, sondern es geht darum, eine über 100-

jährige Praxis bewusst neu zu greifen und in ihrer Beziehung zu anderen Ansätzen zu beschreiben und neu zu gestalten.

Nötig ist dies zum einen, um der Gefahr, dass Diskurse missbräuchlich eingesetzt werden (wie im ersten obigen Beispiel aus einer Waldorf-Kindertagesstätte deutlich geschehen) so gut als möglich vorzubeugen. Zum anderen ist es nötig, damit anthroposophisch inspirierte Heil- und Inklusionspädagogik mit anderen Ansätzen so in Dialog treten kann, dass die Perspektiven und Ansätze sich gegenseitig in ihrer Entwicklung unterstützen (vgl. Schieren, 2011). So wäre es für die anthroposophische Heil- und Inklusionspädagogik zum Beispiel ausgesprochen spannend, sich mit dem Element der Achtsamkeit, das die Anthroposophie und die sogenannte dritte Welle des Behaviorismus (Heidenreich & Michalak, 2013) verbindet , konstruktiv auseinanderzusetzen, anstatt primitive Verhaltensmanipulation zu versuchen, wie in dem zweiten oben genannten Beispiel.

Selbstverständlich gibt es, das sei im Sinne einer konstruktiven Zukunftsorientierung gesagt, im anthroposophischen Sozialwesen und der anthroposophischen Heil- und Inklusionspädagogik sowohl gut erforschte Ansätze als auch noch teils weniger bewusste Diskurse und Überzeugungen, die sinnvoll und hilfreich sind. Im Zuge der meines Erachtens nötigen Aufarbeitung der genannten fragwürdigen Diskurse könnten diese zeitgleich Gegenstand systematischer Forschung werden, um eine aktualisierte, sich ihrer selbst mehr und mehr bewusst werdende anthroposophisch inspirierte Heil- und Inklusionspädagogik zu gestalten, wie ich es in diesem Text mit der Punkt-Kreis-Meditation versucht habe. Es ergibt sich also abschließend die Frage, wie es gelingen kann, Diskurse, Praktiken und Quellen der anthroposophischen Heil- und Inklusionspädagogik kritisch zu reflektieren, wo sie problematisch sind, und noch bewusster zu greifen, wo sie sinnvoll sind. Dies ist notwendig, um auch ihr Verhältnis zu anderen Ansätzen im Sinne eines Dialogs neu und konstruktiv zu entwickeln. Ich hoffe, dass der vorliegende Text dazu einen ersten Beitrag leisten kann.

9. Literatur

Ainsworth, M. D. S., & Bell, S. M. (1970). Attachment, Exploration, and Separation: Illustrated by the Behavior of One-Year-Olds in a Strange Situation. *Child Development, 41*(1), 49–67. https://doi.org/10.2307/1127388

Anthropoi Bundesverband. (2021, September 24). Gewaltschutzkonzept seit Juni 2021 in Diensten und Einrichtungen verpflichtend. *Gewaltschutzkonzept seit Juni 2021 in Diensten und Einrichtungen verpflichtend.* https://anthropoi.de/aktuell/aktuell/news/1109/

Arbeitsbereich Pädiatrische Neurochirurgie, C. (2024). *Krankheitsbild Hydrocephalus.* Krankheitsbild Hydrozephalus. https://kinderneurochirurgie.charite.de/fuer_patienten/haeufigste_krankheitsbilder/hydrocephalus/

Auer, W. (2007). *Sinnes-Welten: Die Sinne entwickeln, Wahrnehmung schulen, mit Freude lernen* (5. Aufl.). Kösel Verlag.

Beilharz. (2020). Punkt-Kreis-Motive in der Musik – Gesichtspunkte zur Ausbildung heilpädagogischer Kompetenzen. *Perspectives, 3*, 8–15.

Biggs. (2011). Self-Fulfilling Prophecies. In P. Hedström & P. Bearman (Hrsg.), *The Oxford Handbook of Analytical Sociology.* Oxford University Press.

Bode, S. (2016). *Kriegsspuren: Die deutsche Krankheit German Angst.* Klett-Cotta.

Bowlby, J. (1958). The nature of the child's tie to his mother. *International Journal of Psycho-Analysis, 39*(5), 350–373.

Bowlby, J. (2005). The Origins of Attachment Theory. In *A Secure Base, John Bowlby* (S. 22–42). Routledge.

Breuer, F., & Mruck, K. (2003). Subjektivität und Selbstreflexivität im qualitativen Forschungsprozess – Die FQS-Schwerpunktausgaben. *Forum Qualitative Sozialforschung / Social Research, 4*(2 (Art. 23)). https://www.qualitative-research.net/index.php/fqs/article/view/696/1503

Bundesministerium für Arbeit und Soziales. (2008). *Behindertenrechtskonvention der Vereinten Nationen.* https://www.bmas.de/DE/Soziales/Teilhabe-und-Inklusion/Politik-fuer-Menschen-mit-Behinderungen/Behindertenrechtskonvention-der-Vereinten-Nationen/behindertenrechtskonvention-der-vereinten-nationen.html

De Vries, A. (2009). *Ervaringsleren cultiveren – Onderzoek in eigen werk.* Eburon Uitgeverij B.V.

Demerdash, A., Singh, R., Loukas, M., & Tubbs, R. S. (2016). A historical glimpse into treating childhood hydrocephalus. *Child's Nervous System, 32*, 405–407. https://doi.org/DOI 10.1007/s00381-015-2652-3

Die Fachverbände für Menschen mit Behinderung. (o. J.). *Die Fachverbände für Menschen mit Behinderung.* Abgerufen 2. März 2024, von https://www.diefachverbaende.de/

Domeyer, M. (2009). Was heisst Minderwertigkeit? Zum Wortgebrauch Rudolf Steiners in seinem heilpädagogischen Kurs. *Seelenpflege in Heilpädagogik und Sozialtherapie, 28*(1), 9–16.

Fangerau, H., Dreier-Horning, A., Hess, V., Laudien, K., & Rotzoll, M. (Hrsg.). (2021). *Leid und Unrecht – Kinder und Jugendliche in Behindertenhilfe und Psychiatrie der BRD und DDR 1949 bis 1990.* Köln.

Fischer, A. (2001). Andacht und Aufmerksamkeit. *Seelenpflege in Heilpädagogik und Sozialtherapie, 20*(4), 3–15.

Fonagy, P. (2001). *Attachment Theory and Psychoanalysis.* Karnac.

Frank, C., & Weiß, H. (Hrsg.). (2017). *Projektive Identifizierung: Ein Schlüsselkonzept der psychoanalytischen Therapie* (3. Aufl.). Klett-Cotta.

Frankl, V. (2016). *Der Wille zum Sinn* (7. Aufl.). Hogrefe.

Frielingsdorf, V., Grimm, R., & Kaldenberg, Brigitte. (2013). *Geschichte der anthroposophischen Heilpädagogik und Sozialtherapie – Entwicklungslinien und Aufgabenfelder 1920–1980* (1. Aufl.). Verlag am Goethanum & Athena Verlag.

Fuchs, T. (2009). *Das Gehirn – ein Beziehungsorgan. Eine phänomenologisch-ökologische Konzeption.* Kohlhammer.

Glöckler, M. (2016). *Elternsprechstunde.* Urachhaus.

Glöckler, M. (2024). *Zum Verständnis von Krankheit und Behinderung.* anthroposophie-lebensnah. https://www.anthroposophie-lebensnah.de/lebensthemen/begabung-und-behinderung/zum-verstaendnis-von-krankheit-und-behinderung/

Gloger-Tippelt, G. (2016). *Bindung in der mittleren Kindheit.* Beltz.

Goffman, E. (1973). *Asyle: Über die soziale Situation psychiatrischer Patienten und anderer Insassen.* Suhrkamp.

Grimm, R. (2005). Inneres Bild und Intuitives Handeln – Zur meditativen Grundlage heilpädagogischer Arbeit. *Seelenpflege in Heilpädagogik und Sozialtherapie, 24*(3), 4–9.

Grimm, R. (2011a). Der polarische Ansatz in Rudolf Steiners Heilpädagogik: Zur Interpretationsgeschichte des Heilpädagogischen Kurses in Bezug auf die Vorträge drei bis fünf. *Zeitschrift Seelenpflege in der Heilpädagogik und Sozialtherapie*, *30*(3), 40–61.

Grimm, R. (2011b). Inner picture and intuitive action. Enhancing attentiveness through the Point and Circle meditation in Rudolf Steiner's Curative Course. *Point and Circle*, *2011*(Summer), 3–7.

Grimm, R. (2017). Selbstentwicklung und heilpädagogischer Alltag – Meditative Elemente im Heilpädagogischen Kurs Rudolf Steiners. *Zeitschrift Seelenpflege in der Heilpädagogik und Sozialtherapie*, *36*(1), 6–22.

Groß, P. (2022). *Aufarbeitung sexualisierter Gewalt in der Dorfgemeinschaft Tennental. Zwischenbericht*. Dorfgemeinschaft Tennental. https://www.tennental.de/informieren/gewaltpraevention/aufarbeitung/

Grossmann, K., & Grossmann, K. E. (2012). *Bindungen – Das Gefüge psychischer Sicherheit*. Klett-Cotta.

Hammerstein, A. (2007). Die Punkt-Kreis-Meditation als hygienischer Prozess. *Seelenpflege in Heilpädagogik und Sozialtherapie*, *26*(2), 21–28.

Heidenreich, T., & Michalak, J. (2013). *Die »dritte Welle« der Verhaltenstherapie: Grundlagen und Praxis*. Beltz.

Heisterkamp, J. (2023). *Karma neu denken* (Bd. 8). Info3 Verlag.

Holtzapfel, W. (1976). Punkt und Kreis im Heilpädagogischen Kurs Rudolf Steiners. *Natura-Verlag*.

Holtzapfel, W. (2003). *Seelenpflegebedürftige Kinder – Band I/II* (1. Aufl.). Verlag am Goetheanum.

Kiersch, J. (2015). *In „okkulter Gefangenschaft"? Von der gewordenen zur werdenden Anthroposophie*. Info3 Verlag.

Kipke, R. (2021). Schattenseiten. Anthroposophen in der Corona-Krise. *Sozialimpulse*, *32*(4), 11–21.

Klimm, H. (1974). Betrachtungen zum Heilpädagogischen Kurs von R. Steiner. In G. Von Arnim, H. Klimm, & G. Starke (Hrsg.), *Zum Heilpädagogischen Kurs Rudolf Steiners*. (Bd. 1, S. 13–47). Verlag Freies Geistesleben.

Körner. (2017). *Die Psychodynamik von Übertragung und Gegenübertragung*. Vandenhoeck & Ruprecht.

Krauss, D. (o. J.). *Die Esesoteriker*innen, die mitlaufen* (4) [26.10.2022]. Abgerufen 5. Juni 2024, von https://www.boell-bw.de/de/2022/10/24/dr-dietrich-krauss-die-esoterikerinnen-die-mitlaufen

Krück von Poturzyn, M. J. (1968). *Aufbruch der Kinder 1924*. Verlag Freies Geistesleben.

Kumbier, E., Herpertz, S., & Haack, K. (2005). Überlegungen zum Wirken des Neuropsychiaters Gabriel Anton (1858–1933). *Der Nervenarzt*, *Volume 76*, 1132–1140.

Leber, S. (2002). *Kommentar zu Rudolf Steiners Vorträgen über Allgemeine Menschenkunde als Grundlage der Pädagogik: Der leibliche Gesichtspunkt* (1. Aufl., Bd. 3). Freies Geistesleben.

Mikulincer, M., & Shaver, P. R. (2019). Attachment orientations and emotion regulation. *Current Opinion in Psychology, 25*, 6–10.

Müller, W. (2021). *Zumutung Anthroposophie – Rudolf Steiners Bedeutung für die Gegenwart* (3. Aufl.). Info3 Verlag.

Müller, W. (2023). *Nachgefragt: Anthroposophie* (1. Aufl.). Info3 Verlag.

Nagel, T. (1974). What is it like to be a bat? *The Philosophical Review, LXXXIII*(4), 435–450.

Niemeijer, M. (Hrsg.). (2011). Konstitutionsbilder. In M. (Hrsg.) Gastkemper & F. (Hrsg.) Kamps (Hrsg.), *Entwicklungsstörungen bei Kindern und Jugendlichen: Medizinisch-pädagogische Begleitung und Behandlung*. Verlag am Goetheanum.

Pichler, A. (2016). Die Dynamik von Punkt und Kreis als Grundlage von Bindungssicherheit. *Zeitschrift Seelenpflege in der Heilpädagogik und Sozialtherapie, Spezial*(Sonderheft Internationale Perspektiven), 175–180.

Pichler, A. (2019). In die Instabilität hineingehen: Intuition und Teamkultur. *Punkt und Kreis – Zeitschrift für anthroposophische Heilpädagogik, individuelle Entwicklung und Sozialkunst, 57*(Michaeli).

Pichler, A. (2020). Die Erfahrung von Punkt und Kreis als didaktisches Element in der Ausbildung von Heilpädagog*innen. *Anthroposophical Perspectives in Inclusive Social Development, 3*, 18–23.

Reddemann, L. (2018). *Kriegskinder und Kriegsenkel in der Psychotherapie: Folgen der NS-Zeit und des Zweiten Weltkriegs erkennen und bearbeiten – Eine Annäherung*. Klett-Cotta.

Riemann, F. (2007). *Grundformen der Angst* (38. Aufl.). Ernst Reinhardt Verlag.

Rösing, I. (2020). *Der Verwundete Heiler: Kritische Analyse einer Metapher* (R. Asanger, Hrsg.; 3. Aufl.). Asanger.

Scheithauer, H., & Niebank, K. (Hrsg.). (2022). *Entwicklungspsychologie – Entwicklungswissenschaft des Kindes- und Jugendalters* (1. Aufl.). Pearson.

Schieren, J. (2011). Die Wissenschaftlichkeit der Anthroposophie. *Research on Steiner Education, 2*(2), 99–108.

Schmalenbach, B. (2001). Punkt und Kreis – Annäherungen an das Wesen des Menschen. *Seelenpflege in Heilpädagogik und Sozialtherapie, 20*(1), 2–25.

Schmidbauer, W. (1977). *Die hilflosen Helfer. Über die seelische Problematik der helfenden Berufe. (Transl.: Helpless helpers – About the psychological difficulty of the helping professions)*. Rowohlt.

Schulz von Thun, F. (2013). *Miteinander Reden: Band 3: Das Innere Team* (25. Aufl., Bd. 3). Rowohlt.

Selg, P. (2006). *Wilfried Immanuel Kunert – Zur Lebens- und Therapiegeschichte eines Kindes aus dem Heilpädagogischen Kurs* (1. Aufl., Bd. 3). Verlag am Goetheanum.

Selg, P. (2013). *Die Punkt-Umkreis-Meditation des Heilpädagogischen Kurses. Vom werdenden Ich des Menschen.* (1. Aufl., Bd. 3). Ita-Wegman-Institut.

Steiner, R. (1983). *Die Welträtsel und die Anthroposophie, GA 54, 1983: Bd. GA 54* (2. Aufl.). Rudolf Steiner Verlag.

Steiner, R. (1985). *Die Erkenntnis der Seele und des Geistes: Bd. GA 56* (2. Aufl.). Rudolf Steiner Verlag.

Steiner, R. (1986). *Die okkulte Bewegung im 19. Jahrhundert und ihre Beziehung zur Weltkultur* (4. Aufl., Bd. 254). Rudolf Steiner Verlag.

Steiner, R. (1987). *Lucifer-Gnosis* (2. Aufl., Bd. 278). Rudolf Steiner Verlag.

Steiner, R. (1990). *Die soziale Grundforderung unserer Zeit in geänderter Zeitlage: Bd. GA 186* (3. Aufl.). Rudolf Steiner Verlag.

Steiner, R. (1992a). *Die Gestaltung des Menschen als Ergebnis kosmischer Wirkungen: Bd. GA 208* (2. Aufl.). Rudolf Steiner Verlag.

Steiner, R. (1992b). *Wege und Ziele des geistigen Menschen – Lebensfragen im Lichte der Geisteswissenschaft* (2. Aufl., Bd. 125). Rudolf Steiner Verlag.

Steiner, R. (1994). *Esoterische Betrachtungen karmischer Zusammenhänge, Band 1: Bd. GA 235* (8. Aufl.). Rudolf Steiner Verlag.

Steiner, R. (1995). *Heilpädagogischer Kurs: Bd. GA 317* (8. Aufl.). Rudolf Steiner Verlag.

Steiner, R. (1998). *Idee und Praxis der Waldorfschule* (1. Aufl., Bd. 297). Rudolf Steiner Verlag.

Steiner, R. (2013). *Theosophie: Einführung in übersinnliche Welterkenntnis und Menschenbestimmung: Bd. GA 9* (33. Aufl.). Rudolf Steiner Verlag.

Steiner, R. (2017a). *Geisteswissenschaft und die geistigen Ziele unserer Zeit: Achtzehn Vorträge in versch. Städten 1910–1914: Bd. GA 69e* (1. Aufl.). Rudolf Steiner Verlag.

Steiner, R. (2017b). *Metamorphosen des Seelenlebens Pfade der Seelenerlebnisse Achtzehn öffentliche Vorträge gehalten in Berlin 1909/1910: Bd. GA 58* (2. Aufl.). Rudolf Steiner Verlag.

Steiner, R. (2018). *Seelenübungen I: Bd. GA 267* (3. Aufl.). Rudolf Steiner Verlag.

Steiner, R. (2019a). *Allgemeine Menschenkunde als Grundlage der Pädagogik: Bd. GA 293* (10. Aufl.). Rudolf Steiner Verlag.

Steiner, R. (2019b). *Die Nebenübungen: Sechs Schritte zur Selbsterziehung* (A. Baydur, Hrsg.; 6. Aufl.). Rudolf Steiner Verlag.

Steiner, R. (2019c). *Wahrspruchworte: Bd. GA 40* (10. Aufl.). Rudolf Steiner Verlag.

Steiner, R. (2021a). *Die Geheimwissenschaft im Umriss: Bd. GA 13* (32. Aufl.). Rudolf Steiner Verlag.

Steiner, R. (2021b). *Die Philosophie der Freiheit: Grundzüge einer modernen Weltanschauung – Seelische Beobachtungsresultate nach naturwissenschaftlicher Methode: Bd. GA 4* (17. Aufl.). Rudolf Steiner Verlag.

Steiner, R. (2022). *Meditative Betrachtungen und Anleitungen zur Erweiterung der Heilkunst: Bd. GA 316* (6. Aufl.). Rudolf Steiner Verlag.

Suska, T. (2017). Die Punkt-Umkreis-Meditation und der Ich- Rhythmus des Menschen. *Zeitschrift Seelenpflege in der Heilpädagogik und Sozialtherapie, 36*(2), 27–41.

Uhlenhoff, W. (2007). *Die Kinder des Heilpädagogischen Kurses – Krankheitsbilder und Lebenswege* (3. Aufl.). Verlag Freies Geistesleben.

Van den Berg, B. R. H., Van den Heuvel, M. I., Lahti, M., Braeken, M., de Rooij, S. R., Entringer, S., Hoyer, D., Roseboom, T., Räikkönen, K., King, S., & Schwab, M. (2020). Prenatal developmental origins of behavior and mental health: The influence of maternal stress in pregnancy. *Neuroscience & Biobehavioral Reviews, 117*, 26–64. https://doi.org/10.1016/j.neubiorev.2017.07.003

Walter, H. (1955). *Abnormitäten der geistig-seelischen Entwicklung in ihren Krankheitserscheinungen und deren Behandlungsmöglichkeiten*. Verlag des Klinisch-Therapeutischen Institutes Arlesheim/Schweiz.

Weiss, H., Harrer, M., & Dietz, T. (2019). *Das Achtsamkeitsbuch: Grundlagen, Übungen, Anwendungen*. Klett-Cotta.

Schriftenreihe Kontext im Info3 Verlag

Kontext Band 1

Anthroposophie und die Rassismusvorwürfe

Der Bericht der niederländischen Untersuchungskommission

4. Auflage 2006, ISBN 9-783-924391-24-9

Kontext Band 2

Jens Heisterkamp (Hrsg.)

Geist und Gehirn

Beiträge zu einem monistischen Verständnis

1. Auflage 1999, ISBN 978-3-94391-25-6

Kontext Band 3

Nicanor Perlas

Die Globalisierung gestalten

Zivilgesellschaft, Kulturkraft und Dreigliederung

1. Auflage 2000, ISBN 978-3-924391-26-3

Kontext Band 4

Roland Benedikter

Zeitgeist-Symptome

Zwei Essays

1. Auflage 2000, ISBN 978-3-924391-27-0

Kontext Band 5

Jens Heisterkamp (Hrsg.)

Die Jahrhundertillusion

Wilsons Selbstbestimmungsrecht der Völker, Steiners Kritik und die Frage der nationalen Minderheiten heute

1. Auflage 2002, ISBN 978-3-924391-28-7

Kontext Band 6

Klaus Podirsky

Fremdkörper Erde

Goldener Schnitt und Fibonacci-Folge
und die Strukturbildung im Sonnensystem

2. Auflage 2004, ISBN 978-3-924392-29-4

Nicht mehr lieferbar

Kontext Band 7

Andreas Delor

Kampf um Atlantis

Ein Beitrag zur anthroposophischen Atlantis-Diskussion

1. Auflage 2004, ISBN 978-3-924391-30-0

Nicht mehr lieferbar

Kontext Band 8

Marianne Carolus

Wie Schicksal spricht

Menschenkundliche Studien zur Reinkarnationstherapie

1. Auflage 2006, ISBN 978-3-924391-31-7

Kontext Band 9

Annegret Camps, Brigitte Hagenhoff, Ada van der Star

Pflegemodell „Schöpferisch pflegen"

Anthroposophie in der Praxis

2. Auflage 2013, ISBN 978-3-924391-32-4

Kontext Band 10

Michael Habecker

Ken Wilber – die integrale (R)EVOLUTION

Einführung in Theorie und Praxis eines neuen
spirituellen Ansatzes

2. Auflage 2007, ISBN 978-3-924391-35-5

Kontext Band 11
Christian Grauer
Am Anfang war die Unterscheidung
Der ontologische Monismus. Eine Theorie des Bewusstseins mit Anschluss an Kant, Steiner, Husserl und Luhmann
2. Auflage 2013, ISBN 978-3-924391-37-9

Kontext Band 12
Ralf Sonnenberg (Hrsg.)
Anthroposophie und Judentum
Perspektiven einer Beziehung
1. Auflage 2009, ISBN 978-3-924391-43-0

Kontext Band 13
Ansgar Martins
Rassismus und Geschichtsmetaphysik
Esoterischer Darwinismus und Freiheitsphilosophie bei Rudolf Steiner
2. Auflage 2024, ISBN 978-3-924391-63-8

Kontext Band 14
Ramon Brüll, Jens Heisterkamp
Rudolf Steiner und das Thema Rassismus
Frankfurter Memorandum
4. Auflage 2021, ISBN 978-3-95779-092-7

Kontext Band 15
Peter Krause
Leben in der Todesnähe
Rudolf Steiners Darstellungen zu Sterbeprozess und Tod des Menschen in Zusammenhang mit den Erkenntnissen der Humanmedizin
1. Auflage 2019, ISBN 978-3-95779-100-9

Kontext Band 16
Benjamin Brockhaus
Transformative Unternehmensführung und ihre geistigen Grundlagen
Die Bewusstseinshaltung zukunftsfähiger Organisationen
1. Auflage 2019, ISBN 978-3-95779-102-3

Kontext Band 17
Jost Schieren (Hrsg.)
Die philosophischen Quellen der Anthroposophie
Eine Vorlesungsreihe an der Alanus-Hochschule
1. Auflage 2022, ISBN 978-3-95779-157-3

Kontext Band 18
Christian Boettger (Hrsg.)
Waldorfschule und Hochbegabung
Fragen. Methoden. Anregungen
1. Auflage 2022, ISBN 978-3-95779-173-3

Kontext Band 19
Christian Rittelmeyer
Rudolf Steiners Mission und Wirkung
Exkursionen in eine fremdartige Bildungslandschaft
1. Auflage 2023, ISBN 978-3-95779-183-2

Kontext Band 20
Annette Pichler
Kreis und Punkt
Eine kritische Analyse für eine anthroposophisch inspirierte Heil- und Inklusionspädagogik
1. Auflage 2024, ISBN 978-3-95779-209-9

www.info3.de

Kirchgartenstr. 1, 60439 Frankfurt
Tel. 069-58 46 47, E-Mail: vertrieb@info3.de
Webshop: www.info3.de